TEXT+KRITIK

Heft 206
ERNST AUGUSTIN
April 2015

Gastredaktion: Martin Rehfeldt

INHALT

Ernst Augustin

Mein letztes Haus

Dieses kleine Eiland ist ohne Frage vulkanischen Ursprungs, nach seinem Erscheinungsbild, eine Feuermasse, die hier mitten im Ozean hochgedrückt wurde. Zu einem Gesteinsschaum erstarrt liegt es da wie ein gewaltiger Bimsstein, hart in der Brandung, aber weich und porös genug, um feine Treppenstufen zu schlagen. Was inzwischen ausgiebig geschehen ist.

Mein Eiland.

Um bei der Wahrheit zu bleiben, es macht nicht allzuviel her, mein Eiland, von außen betrachtet. Ringsum harter Klippenstrand, darüber die stachelige Felswand, wenig einladend. »Skull Island«, weil es von der einen Seite her einem Totenkopf ähnelt. Dort, wo die Phantasie einen Jochbogen sieht, befindet sich eine Einbuchtung, einer riesigen Augenhöhle vergleichbar. Darüber die Stirn, hochgewölbt, steil in einen bleiernen Tropenhimmel hineinragend. Ein eher abschreckendes Bild, wenn ich ehrlich sein soll, und ich könnte mir gut vorstellen, wie der Seefahrer, der in der Tiefe des Ozeans endlich auf diesen Schädel stößt, in Depression verfällt und lieber nach der nächsten Insel sucht. Aber mir kann es nur recht sein. Denn gibt es eine Außenwelt, gibt es auch eine Innenwelt.

Würde man diese Stirn bezwingen können – nehmen wir an, es wäre möglich –, würde man zerschrunden und mit dem Leben davongekommen die Höhe erreichen, geschähe ein tiefes Wunder, ein Wunder der Schöpfung nämlich: Tief unten wie das blaue Auge Gottes öffnet sich dahinter eine Lagune, so blau, so unendlich blau, daß dem Dichter – wie dem Seemann – das Herz stockt. Ich schäme mich nicht. Soviel Schönheit, soviel Licht. Dieses letzte Kapitel ist auch mein letztes Kapitel, und es ist mein letztes Haus, das ich hier baue.

Es gibt natürlich noch einen anderen Zugang, einen mit Klippenzähnen bewehrten Mund zum Meer. Die Insel hat Hufeisenform, öffnet sich knapp nach Westen, ist deshalb vor den Taifunen geschützt, die in diesen Breiten ihren Ursprung nehmen. Ziemlich geschützt, sollte man sagen, und hier berühre ich den wunden Punkt. Den wundesten. Alle diese Paradiese sind letztlich nicht bewohnbar und werden auch nicht bewohnt, man kann damit rechnen, daß sie innerhalb eines Jahrhunderts mindestens fünfmal radikal rasiert, von aller Vegetation befreit und überflutet werden. Soviel zu den Paradiesen. Und noch eine Anmerkung: Der verbliebene Rest ist von Sperrmüll besetzt. Wenn nicht von Schlimmerem.

Eigentlich hatte ich ja nie Robinson sein wollen, ich glaube, das habe ich genügend herausgearbeitet. Nicht der mit dem häßlichen Hut und den unförmigen Galoschen aus Baumrinde. Aber eines muß ich dem Mann lassen, er hatte es sich gemütlich gemacht.

Und wenn ich jetzt auf meiner Reisstrohmatte liegend mein allerletztes Haus baue, dann weiß ich, wofür es steht. Nicht für diese ganze Entwicklung der Menschheit, Steinzeit und ähnliches, nein, sich mit sich selbst einzurichten, dafür steht es. Darf ich einmal ganz konkret werden. Ich liege hier sehr gut, soeben hat sie mir (eine von den Dreien) einen wundervollen roten Fisch serviert, sie machen das sehr delikat, der Fisch steht hochkant und auf ihm reiten große, gekerbte Scheiben von Limonenorangen. Sehr delikat, eigentlich ist es nur eine Goldbrasse, aber sie heißt hier Mahi Mahi und das macht den Unterschied.

Es wird ein großes Haus werden. Mit vielen Korridoren und Treppen und Ein- und Ausgängen, je nachdem ob man hinein oder hinaus will, man ist ja nicht immer derselbe. Es geht hinauf und hinab, prächtig symmetrisch soll es werden und zugleich mächtig krumm und unübersichtlich, möglichst verbaut. Es soll genügend abgelegene Winkel haben, Scheintüren und Scheinwände, daß man nie ganz sicher sein kann, wo genau man sich befindet. Auch einen Warteraum für den Zahnarzt und ein kleines eingebautes Dampfbad, möglicherweise eine Saufkneipe im Eck, ich brauche unterschiedliche Schlafräume, je nach Gemütslage, mit und ohne Träume. Die wiederum hinter den Scheintüren ihren Platz haben, denke ich mir.

Ein poetisches Haus, mit viel Platz für Banalitäten als auch für das Erhabene. Symmetrie, jawohl, Symmetrie gibt mir Ehre, gibt Ansehen und löst Ergriffenheit. Eine hohe Halle mit Musik von Mussorgski, etwa, soll meine geehrten Besucher empfangen, ich selbst werde mich dann allerdings in die Wohnküche zurückziehen, wo es Wiener Würstchen gibt, ja, aber auch Durchblicke und Ausblicke auf schöne Landschaften – Landschaften der Seele versteht sich – kurz, ich bin dabei, ein Geisterhaus zu bauen, in dem es sich leben läßt, ein Haus des Inneren, in dem ich herumlaufe. Oder noch kürzer, offenbar bin ich dabei, in mich zu gehen.

Ja, aber ganz konkret.

Das Labyrinth zum Beispiel. Das Labyrinth ist ein wesentliches Bauelement und ist allem vorgeschaltet. Niemand erreicht den Eingang, der nicht das Labyrinth passiert. Dabei genügt der Typ A, eine simple Schleife, die in sich zurückläuft, zwei Gabelungen genügen, um dem Besucher die Orientierung zu nehmen, bestenfalls geht er dann nach Hause. Oder wenigstens sollte er einmal eingangs an sich selbst zweifeln. Ein Gang hin, einer zurück, und der Bildungsstand ist im Augenblick fragwürdig geworden.

Nun könnte ich ja selbst einen Gang in das Gestein bohren. Es ist dazu ideal geeignet, läßt sich locker herausbrechen und liegt federleicht in der

Hand – zu diesem Zweck bin ich ja hier –, einem Feuerschwamm nicht unähnlich. Ich liege hier, umstanden von zauberhaftesten gefiederten Geschöpfen, direkt vor meinem Objekt, dem größten Bimsstein, den es je gab, und ich liege hier sehr gut. Diese Geschöpfe muß sich ein liebender Gott ausgedacht haben. So fein und so sinnlich geringelt, so unendlich erotisch hochbeinig graziös. Ich glaube, es sind Sagopalmen. Sie wiegen sich, sie wedeln mir ein schattig grünes Licht herunter. Wie habe ich das verdient?

Nun könnte ich einen längeren Gang bis ganz nach vorn, bis zu der großen Augenhöhle vortreiben, dort mit einem Panoramafenster, in die Welt schauen, alle diese Dinge könnte ich tun, ich könnte eigenhändig einen Spiegelsaal graben, der sich dann hinter der Stirn befindet, festlich beleuchtet, einen Billardsaal, einen Schießstand, eine Wendeltreppe aus Tuffgestein. Aber kann ich sie mitnehmen, die Dinge?

Den Geist vielleicht. Mitnehmen.

*

Vor langer, langer Zeit war ich einmal sehr, sehr krank – todkrank, eine Art Keuchhusten –, jedenfalls hatte ich lange Zeit nicht aufstehen dürfen, und es war November oder Dezember, jedenfalls sehr dunkel tagsüber. Da hatte ich mir also diesen Berg von Grießbrei ausgedacht, Tag für Tag und voller Inbrunst. Aber das war ein gewaltiger Berg. Unerhört hoch, ein Grießpudding, wie es ihn nicht in den kühnsten Träumen gibt, ich sehe ihn noch heute vor mir. Da hatte ich also angefangen, mich hineinzuessen, und ich könnte mir gut vorstellen, daß es mir das Leben gerettet hat, bei meinem Keuchhusten. Ich aß mir einen Eingang, dann einen Korridor, schließlich einen ganzen Rittersaal, einen unerhört schönen. Es war die schönste Zeit meines Lebens, das kann ich jetzt behaupten, und ich kann sie mitnehmen, das behaupte ich auch.

Denn was da an Präzisionsarbeit geleistet wurde, Tag für Tag geleistet wurde, das kann nicht im Nichts versinken. Immer haarscharf und mit großer Genauigkeit an die Arbeit vom Vortage anschließend, mit genauer Länge und Breite, mit allen Ecken und Kanten und der genauen Wanddicke. Falls sich eine Räumlichkeit an die andere anschloß. Nicht zu dick, aber auch nicht zu dünn und durchscheinend. Ja, ich darf behaupten, daß mir damals die große Gabe erwuchs, das ganz spezielle Raumgefühl, das architektonische Empfinden, wenn ich das einmal behaupten darf.

*

Heute wieder Kreuzfahrttag.

Heute morgen, als ich bei meiner Obstschale sitze, dazu ein Ei vom Perlhuhn und einen Quiquek – das ist feingemahlene Nuß in Milch aufgerührt, etwas sehr Gutes – warum es das bei euch oben nicht gibt, weiß ich nicht –, ertönt dieses tiefe Brummen. Und als ich aufblicke, ist der ganze V-förmige Einschnitt von dem draußen vorbeiziehenden weißen Schiffsleib ausgefüllt. Ich habe ja den Eindruck, daß das Schiff immer weißer wird, offensichtlich lackieren sie es jedes Jahr neu und in einer Jahr für Jahr weißeren Qualität.

Also setze ich meinen häßlichen Hut auf, den ich mir aus Baumrinde gefertigt habe, und begebe mich nach vorn zum Strand. Stehe da verloren auf meinen Klippen, wie man es von mir erwartet. Draußen auf dem weißen Schiff drängen sie sich, winken, schwenken die Hüte, ich winke zurück. Anscheinend bin ich zu einer Attraktion geworden. Auf dem Reiseprogramm der, den sie Robinson nennen.

Aber ganz hinten am Heck steht eine kleine einzelne Figur, die nicht winkt, nur ein wenig den Hut lüftet, aber freundlich, sehr freundlich. Vielleicht, daß sie dort steht. Ich werde auf das nächste Jahr warten und auf das übernächste, dreißig Jahre lang, wie man es von mir erwartet. Noch ist es nicht soweit.

Eines fehlt in meinem Haus, es hat immer gefehlt, und darüber muß ich noch tief nachdenken.

Wenn das Schiff seine Bahn gezogen hat, in der See, hat sich inzwischen über dem Totenkopf eine Wolke gebildet, eine winzige Wolke nur, und das sieht merkwürdig aus. Erst ist es eine Mütze, dann ein Schirm und schließlich ist die Wolke wieder weg, hat sich aufgelöst. Während ich hier unten meine Gedanken fasse. Es ist nie ganz leicht, sich völlig zurückzunehmen.

Heute gibt es Tapa, ich höre meine Schönen schon seit Stunden schlagen. An sich ungenießbar ist es eine Delikatesse, wenn es so geschlagen wird, wie sie es schlagen (6 Stunden), man kann es auch anziehen. Und für heute Abend haben sie sich etwas Besonderes ausgedacht, einen Feuerwehrball. Das ist eine Darbietung hier unten auf den Inseln, bei der sie sich fortwährend im Rhythmus auf ihre kleinen Hinterteile runterplumpsen lassen. – Naja, klein.

– – –

Die Drachen. Wo wohnen die Drachen.

Ich kenne mein Haus gut, ich habe es ja gebaut. Es ist groß und hell und offen, es ist ein durchleuchtetes Haus, es hat unverhangene Fenster und eine reiche Bibliothek, in der alles zu lesen steht, was ein Mensch wissen muß – viel ist es sowieso nicht –, was dort nicht steht, braucht er nicht zu wissen. Aber wo steht das?

Wenn ich nachts durchs Haus gehe, gehe ich weit geöffnet, ich höre jede Uhr ticken, ich höre den Tropfen Schweiß, der von der Stirn tropft, ich gehe in die Küche, ich gehe in den Keller, wo ein 92er Moulin lagert, und dort höre ich sie. Nicht eigentlich im Keller, aber auf dem Weg dorthin. Die dunklen Wasser, die dort fließen, ich kann sie sogar sehen, tief unten, noch unter dem untersten Keller – habe ich doch gewußt, daß etwas fehlt.

Das Untergeschoß.

Aber es sind schwarze Wasser, die dort fließen, ein schwarzer Strom, schnell, glatt und lautlos wie ein Schlangenleib. Sehr tief und sehr weit unten. Das Wasser schwillt, wird breit und bedrohlich und fängt an zu gurgeln. Das sind meine Ängste, die dort herumschwimmen, die verdrückten Gefühle, die Süchte und das ganze Leid. Und was da sonst noch schwimmt, wer weiß. Aber irgendwann, das verspreche ich, werde ich hingehen und ein tiefes Loch in den Bimsstein graben, ich werde nachsehen, was dort unten ist.

Luft ist leicht.

Erde ist schwer.

Wasser neigt zur Hysterie.

Und Feuer, lieber Freund, Feuer ist ganz sicherlich hochkriminell.

*

Aber eines Tages, und der Tag ist nicht fern, wird ein weißes Schiff vor Reede liegen. Dieses Mal ist es nicht vorbeigezogen, keine Leute winken oder schwenken die Hüte. Denn dieses Mal wird ein Boot zu Wasser gelassen, darin sitzt ein kleiner Herr als Passagier, es scheint ein geschäftiger kleiner Herr zu sein, so wie er in dem Boot sitzt. Nicht sehr passend gekleidet in einem dunklen Anzug, er hätte wenigstens die weiße Leinenjacke tragen sollen, meine ich. Jetzt steht er auch noch auf, bringt fast das Boot zum Kentern, er will aber nur freundlich sein. Älter? Nein, älter ist er eigentlich nicht geworden.

»Ich wußte, daß du kommst«, sage ich, »irgendwann, wußte ich, kommt du. So sehr leicht bin ich ja nicht aufzufinden, wenn man die Verhältnisse, die nicht ganz stabile Schiffsverbindung bedenkt. Wäre ich auf Rügen, wärst du wahrscheinlich längst dagewesen.«

»Hier bin ich.«

Scheint sich aber Zeit zu lassen. Begutachtet die Baulichkeiten, die Liegenschaften, insbesondere meine Reisstrohmatte. Anerkennend macht er es sich schließlich bequem und hängt das Jackett an den Haken, scheint sogar, nach der langen Reise, einem Schläfchen nicht abgeneigt zu sein. Und soll ich mich nun fürchten?

Es gibt ja noch den Knopf an der Tastatur, den ich drücken kann oder nicht drücken kann. Und wenn ich ihn drücke, wird alles gelöscht sein. Alle

Verbrechen und alle Vergehen, alle Bankkonten und Depots, sämtliche Anbindungen, Vernetzungen und Verquickungen mit all dem Geld auf dieser Welt. Mit allen Kredit-, Pfand- und Verschreibungsinstituten, allen Anleihen und Gegenanleihen und den Investitionen in die Staaten Sambesi und Kiribati, – die ich wahrscheinlich besitze, wahrscheinlich ganz, ich weiß es nicht.

Nicht zu erwähnen die Mobilien und Immobilien, sowie all den blanken Hausbesitz, der sowieso völlig überflüssig gewesen ist. Wenn man die Kürze der Zeit bedenkt.

Nicht zu reden von Goldbeständen, dem Barren-, Münz- und Feingold, sowie den zugehörigen Geheimcodes für die zugehörigen Schließfächer in Schließbanken in Zürich.

Und schon gar nicht von Lombard oder Finsbury Optionen, die sowieso nur fiktiv bestehen, und das Ganze auf Knopfdruck:

»Erase«, Löschen.

Nur die Liebe, blank und bloß und ohne Paßwort, die Liebe kann ich mitnehmen. Das ist nun etwas Merkwürdiges, daß mir der Himmel sehr blau, die Blätter sehr grün und der weiße Sand sehr weiß erscheint, ich habe das bisher nie so genau gesehen. Fällt mir jetzt auf.

Dies ist die allerbeste Zeit, die Sonne hat gerade den richtigen Dreiviertelstand erreicht, so daß die Schatten etwas länger und sanfter sind, das Licht pure Mandelmilch. Selbst mein Freitag sieht schöner aus.

»Lieber Freitag.«

»Hier bin ich.«

»Ich weiß, wer du bist.«

Ich habe es immer gewußt. Seit er mir gegenüber saß, seit er mir Zeit ließ, meine Angelegenheiten zu ordnen. Mein ganz persönlicher, höchst privater Tod.

»Immer gewesen.«

Und daran ist ja eigentlich gar nichts auszusetzen. Ein freundlicher, kleiner Herr, der sich doch immer als recht zuvorkommend erwiesen hatte. Und auch jetzt keinen schlechten Eindruck macht. Im Gegenteil.

Erase »Löschen«.

Wollen Sie wirklich alles löschen?

Ja.

Unwiderruflich?

— — —

Aus: Ernst Augustin: »Robinsons blaues Haus«, München 2012, S. 306–319. Mit freundlicher Genehmigung des C. H. Beck Verlags.

Lutz Hagestedt

Absolute Fiktion
Ernst Augustins Poetik

In seinem Roman »Eastend« lässt Ernst Augustin seine Hauptfigur, den Ich-Erzähler Almund Grau, in eine Lebens- und Schaffenskrise geraten. In einem »Wochenspiegel« (E 12[1]) sind »unliebenswürdige Dinge« (ebd.) über ihn und sein letztes Buch erschienen, und nach Gesprächen mit seinem neuen Verleger hat er den Eindruck gewonnen, dass sein neues Manuskript »Rote Damen« (E 74) durchgefallen sei. Zuvor war ihm schon sein Protagonist Ashton Woolwich »ins Wanken« (E 52) geraten, und zwar durch einen scheinbar banalen »Einbruch« (ebd.) der Wirklichkeit in die Fiktion. In dieser Krise räsoniert Augustins Alter Ego über die eigene Poetik wie folgt: »Aber meine Schreibweise, die ich mir damals zurechtgelegt hatte, verlangte absolute Fiktion, ich war geradezu manisch bemüht, alle mir irgendwie bekannten Fakten zu vermeiden – (…).« (E 51)

Der Terminus »absolute Fiktion« ist mit Bedacht gewählt, erinnert er doch an parallele Begriffsbildungen wie »absolute Musik« oder »absolute Kunst« (E 140), die alle auf Konzepte verweisen, die in ihrem Eigensinn beanspruchen, sich von erlebter Realität und gesellschaftlichen Erfordernissen autonom zu setzen. So wie Bach als Anfang und Ende aller Musik gilt oder Kafka als Anfang und Ende aller Literatur, weil sie in ihrem Werk eigene Realitäten etabliert haben, so versucht Augustins Schriftsteller-Protagonist, die imaginäre Welt seiner Kunst gegen Einflüsse der äußeren Wirklichkeit zu immunisieren. Dass er an diesem Anspruch scheitert, muss nicht gegen seine Kunst sprechen (oder gegen seine Poetik), und was für die Figur gilt, gilt auch für den Autor, dessen Anfänge in den 1960er Jahren mit Kafkas Welt verglichen worden sind, die sich ebenfalls nicht immer erfolgreich gegen Übergriffe des Realen auf die Fiktion zur Wehr setzen konnte.

Ein Kunstgriff Augustins, auf dieses Dilemma zu reagieren – das als produktives Dilemma zu werten ist, weil es seine Kunst erst ermöglicht –, ist die Realitätsverdopplung. Damit ist nicht eine Form von Widerspiegelung gemeint, sondern die Wiederholung und Variation der dargestellten Welt des Kunstwerks im Kunstwerk selbst. Im Sinne einer Mise-en-abyme-Struktur wird die Realität des Kunstwerks textintern verdoppelt: Davon künden etwa die verschiedenen Versionen der Erzählung vom verlorenen Sohn, die Augustins Doppelroman »Badehaus«/»Badehaus II« (1963/2006) aufgreift, davon kündet der Doppelroman der ›großen Mutter‹ (»Mamma«

9

(1970) / »Schönes Abendland« (2007)), der in den Legenden der drei Brüder Stani, Beffchen und Kulle die Finessen dreier Lebensläufe miteinander
verschränkt, die sich demselben (mütterlichen) Ursprungsmythos verdanken; und schon Augustins Erstling (»Der Kopf« (1962)) entwarf in der
Gestalt Türmanns einen paradigmatischen Helden, der sich seinen perspektivisch verdoppelten, verkehrten und verkürzten Kunst- und Traumwelten
zu stellen hatte. Auch die vier Romane der mittleren Schaffensperiode –
»Raumlicht. Der Fall Evelyne B.« (1976), »Eastend« (1982), »Der amerikanische Traum« (1989) und »Mahmud der Schlächter oder Der feine Weg«
(1992; 2003 auch unter dem Titel »Mahmud der Bastard«) – stiften mittels
Realitätsverdopplung irritierende Déjà-vu-Effekte. Exotische Welten erscheinen hier als alternative Räume, in die man sich begibt, wenn sich die
bisherige Lebenswelt verbraucht oder erschöpft hat oder wenn sie zu ungemütlich geworden ist, als dass man sich darin noch aufhalten könnte. Es
bestehen aber immer beide Welten nebeneinander fort, die alte und die
neue Welt, das alte und das neue Leben, indem sie sich wechselseitig bedingen. Sogar noch der späte Roman »Das Monster von Neuhausen« (2015)
befolgt diese spiegelbildliche Doppelung, indem er den durch einen Behandlungsfehler geschädigten Protagonisten Tobias Knopp anwaltlich vertreten lässt, wobei die Identität dessen, der vor Gericht für ihn plädiert, mit
Knopp, der sich repräsentieren lässt, mehr als einmal nahegelegt wird.

Wie verhält sich nun die eine (imaginäre) Realität, so lautet die Versuchsanordnung, wenn ihr eine zweite entgegengestellt wird, und wie zeigt sie
sich, wenn die Protagonisten versuchen, zwischen den so geschaffenen Räumen, Welten und Umwelten hin- und herzuwechseln? Wie zeigt sich eine
dargestellte Welt, wenn sie (textintern) infrage gestellt wird?

Die Protagonisten Augustins antworten darauf im Prinzip genauso, wie
alle Kunst und alle Literatur darauf antworten würde: mit Phantasie. Sie
schreiten psychisch und erzählerisch Imaginationsräume aus, die als vollgültige Alternative zu ihrer (jeweiligen) Realität gelten können. So hat sich in
»Der amerikanische Traum« die Lebenswelt des Protagonisten nahezu
erschöpft (er ist als Kind tödlich verletzt worden und liegt im Sterben), als er
sich in die plastische und farbige Exotik seiner Abenteuerlektüren hineinfabuliert und damit Bewusstseinsprozesse auslöst, die ihm ein Alternativleben
als Hawk Steen in Nord- und Mittelamerika ermöglichen; so hat sich in
»Raumlicht« die Lebensqualität der (Kind-)Frau Evelyn durch eine psychische Erkrankung derart eingetrübt, dass nur mehr die schlechthin unkonventionellste Therapie ihr zu einem neuen Leben verhelfen kann; ein solcher
Lebenswechsel innerhalb eines biologischen Lebens rettet auch den bereits
erwähnten Schriftsteller Almund Grau in Augustins Roman »Eastend«:
Durch zerstörerischen »Gruppengeist« (E 50) ist dort der symbiotische
Bezugsraum einer perfekten Ehe verloren gegangen; Almund und Kerrie

haben in vollkommener Gemeinschaft gelebt, als sie in einem Encounter-Zentrum eines New-Age-Gurus manipuliert werden; beide lassen sich zu scheinbar minimalen, doch verhängnisvollen Fehlhandlungen verleiten. Die Konstituierung einer psychotherapeutischen Gruppenseele, die Almund ausschließt, führt dazu, dass seine symbiotische Gemeinschaft mit Kerrie erst untergraben und dann zerstört wird. Solchermaßen entzweit, sucht Almund neue Umwelten auf, um »nicht mehr zurückzukehren« (E 74).

Nachdem ein Selbstmordversuch misslungen ist, reist er in die DDR, nach Schwerin, in die Stadt seiner Jugend, doch ist er von diesem Land ohne Freude bald kuriert; die nächste Station, die ihm seelisch eher entspricht, heißt London. In diesem halb phantastischen Raum – eines Nachts, als er von einer Bande jugendlicher Vandalen bedrängt wird, verwandelt sich Almund in einen Werwolf – begegnet er einem Zauberer, den er aus einer misslichen Lage befreien kann. Er hat jetzt drei Wünsche frei und realisiert sie: Erst kann er sein Traumhaus beziehen, dann erwirbt er sich Reputation als Psychotherapeut Almond Gray, und schließlich gewinnt er Kerrie zurück. Er hofft, »ganz zart und inmitten der Verwüstung« (E 126) auf das »Wunder«, das »nur die Liebe vollbringen kann« (E 63): auf Kerries Rückkehr.

Augustins Erzählweise

Augustins Erzählweise in mehreren Durchgängen dynamisiert nicht nur das Geschehen, sondern verändert auch die Grundeinstellungen des Erzählens: Dasselbe Sujet, das ein zweites (drittes, n-tes) Mal in die dargestellte Welt eingeführt wird, ›evolutioniert‹ diese Welt. So wendet sich die Figur des Mahmud, als das schlechthin Böse konzipiert, zum Guten, während ihr Gegenspieler Hanuman als Verkörperung des Anbetungswürdigen, Guten und Reinen ins Böse verkehrt wird. Damit ändern sich auch die Vorzeichen des Erzählens insgesamt: So wird Mahmud zum Sympathieträger umprogrammiert und entwickelt sich damit gegen die Vorgaben der Sujetentwicklung.

Die »wachsende Sympathie« eines Erzählers »für seine Schöpfung« ist, literarhistorisch gesehen, kein Novum; als prominentestes Beispiel kann vielleicht Cervantes' »Don Quijote«[2] gelten: Dort emanzipiert sich eine Figur von der »geistigen Vaterschaft« ihres Autors[3] und nutzt den so gewonnenen Freiraum, ihr »Ingenium« zu entfalten; und auch bei Augustins Protagonisten-Paar Hanuman und Mahmud ist eine solche Verstärkung beziehungsweise »Verminderung des inneren Vorbehaltes«[4] vonseiten des Autors (resp. Erzählers) gegen seine Schöpfung spürbar: Auch Augustins Erzähler muss seine Figuren erst genauer kennenlernen, und das kann er durch – einerseits – die Ausdauer schaffen, mit der er sich ihnen und ihrer Lebenswelt zuwendet, oder – andererseits – durch Erkenntnis erreichen, wie sie sich bei mehrfachen, wiederholenden und perspektivisch variierenden Erzähldurchgängen einstellt.

Augustins Poetik steht erkennbar unter dem Eindruck des Nouveau Roman: Genau wie dieser entwickelt Augustin seine jeweilige Fabel aus einer Konstellation mit vielen Variablen. So scheint sein zweiter Roman, »Das Badehaus«, derselben Programmatik zu entspringen, der sich der 1957 in deutscher Übersetzung erschienene Roman »Der Augenzeuge« verdankt, auf den sich Alain Robbe-Grillets Ruhm gründet. Die Erneuerung des Romans durch Augustin fällt damit in eine Phase des literarischen Aufbruchs und Aufbrechens überkommener Strukturen: Man denke an »Die Blechtrommel« (1959), an »Mutmassungen über Jakob« (1959) oder an den »Schatten des Körpers des Kutschers« (1960) als den deutschen Kontext einer internationalen Bewegung, die erzählerische Innovationen von Rang hervorgebracht hat. Von John Dos Passos (»Manhattan Transfer« (1925, dt. 1927)) über Witold Gombrowicz (»Ferdydurke« (1937, dt. 1960)) bis hin zu Italo Calvino (»Wenn ein Reisender in einer Winternacht« (1979, dt. 1983)) kann dieser ebenso avantgardistische wie exquisite Pfad mitverfolgt werden. Auf Flaubert, Proust, Joyce oder Kafka wird diese Moderne gern zurückgeführt, aber es wären natürlich etliche Namen mehr zu nennen (Huysmans, Hofmannsthal, Hemingway, Doderer, Faulkner).

Charakteristisch ist für diese Moderne, dass die Grundfesten des Erzählens – Raum, Zeit, Identität, Wahrnehmung beziehungsweise Fokalisierung, Sprechsituation – in Bewegung geraten und somit zur Disposition gestellt werden. Ein bis ins Absurde reichender Existenzialismus paart sich hier mit einem autopoietischen Verfahren, das seine eigenen Entstehungsbedingungen reflektiert und – quasi performativ – relativiert: Die auf Geschlossenheit erpichte frühere Poetologie des »So und nicht anders« wird von einer prinzipiellen »Offenheit« (Umberto Eco) des Kunstwerks abgelöst: »So und auch anders«, nämlich vielfältiger, farbiger, experimentierfreudiger und risikobereiter als bisher sind historische Entsprechungen und Parallelentwicklungen nicht nur bei Beckett, Camus, Gide, Céline, Sartre oder Jane Austen zu verorten, sondern – im Rückgriff – teils auch schon im Goethe'schen Bildungsroman und in der Poetik und Ästhetik der Romantiker vorprogrammiert. Dem Erzählen kommt es auf die Stiftung zweier (vieler) Realitäten an, aus deren Differenz sich alle Poesie gegen die Prosa herkömmlicher Eindeutigkeit erhebt.

Bei aller Modernität setzt Augustin freilich auf die erzählerische Geschlossenheit seiner literarischen Welten. Es gibt bei ihm immer einen erkennbaren Spannungsbogen, eine schlüssige Handlung, eine konsistente Psychologie und eine durchgängige, wenn auch komplexe Fabel. Das Episodische seines Erzählens verliert sich nicht im Nebensächlichen (wie noch Almund

Grau vermutet; E 62), sondern fächert sich zum Paradigmatischen auf: Jede noch so unscheinbare Nebenhandlung illustriert den inneren Zusammenhang, um den es ihm geht. Jenes große Ganze ist reich an Möglichkeiten, Erfahrungsräumen, Angeboten, Identitäten, am größten aber sind die Spielräume im Verborgenen. Das Motto, das über Augustins Leben stehen könnte – »lathe biosas, lebe im Verborgenen« –, könnte auch über seinem Werk stehen. Die Faszination des Verschwindens reicht dabei vom Erstling (»Der Kopf«) bis zur letzten großen Robinsonade, die Augustin gestiftet hat, »Robinsons blaues Haus« (2012). Diese Tendenz, die eigene Realität gegen die Umwelt zu immunisieren oder neue Umwelten aufzusuchen, wenn sich alte Realitäten verbraucht haben, sorgt für die hohe Mobilität der Protagonisten in Augustins Büchern, die der Ereignisdichte und Handlungsintensität von Abenteuerliteratur gleicht, sich aber vom trivialen Muster unterscheidet.

Oft sind seine Protagonisten auf der Flucht und versuchen, sich unsichtbar zu machen – doch wird der kleine freundliche Herr, als der der Tod imaginiert wird, sie überall ausfindig machen. Oft sind nicht nur Augustins Protagonisten in ihrem Versteck aufzusuchen, sondern auch versteckte Reichtümer zu bergen oder verborgene Spuren freizulegen und zu entziffern. Augustins Protagonisten wollen und müssen Spuren hinterlassen, selbst wenn sie Verfolger und nicht Verfolgte sind; und selbst wenn sie nicht an den Tod glauben und ihn sabotieren oder ihn sich entsprechend umsemantisieren, glauben sie doch an »Bedeutungserlebnisse« (RL 103[5]) existenzieller Art, die wie »eine gewaltige Erkenntnis« (ebd.) alles infrage stellen, alle Gewissheit aufheben, alle Existenz in ihren Grundfesten erschüttern. Hier ein frühes Beispiel: »Und da fällt mir zum ersten Mal ein, daß ich ja *lebe*, ganz deutlich hier im Sessel lebe ich plötzlich und bin zutiefst erschrocken, wie denn das überhaupt möglich ist. / Denn es ist ja nicht möglich. / Das war genau der Augenblick, in dem ich abgerutscht bin, ein Motorradfahrer draußen hat mich gleich wieder zurückgeholt, indem er mich so deutlich an die Sehnsucht erinnerte, und ich konnte auch gleich darauf nicht mehr begreifen, wo oder wie ich mich soeben befunden hatte, völlig unklar, aber bei allen späteren kurzen Erlebnissen – deren nächstes erst nach Jahren wieder auftrat – erinnerte ich mich an das lange Eßzimmer in Velten, an die graugrünen Wasser, die mich einschalteten, und an den Motorradfahrer, der mich wieder ausschaltete.« (RL 14)

Die Erkenntnis seiner Existenz ist Augustins Protagonist plötzlich schockhaft bewusst geworden, und die Erkenntnis, dass diese Existenz ja eigentlich nicht möglich (mehr als extrem unwahrscheinlich) ist, führt dazu, dass er sich »vorübergehend jenseitig gefühlt hatte, nicht eigentlich tot, aber auch nicht lebend« (ebd.). Wohl dem, der sich in solchen Momenten nicht selbst verliert und wahnsinnig wird. Das schlicht-lakonische »woz ere« (»was

here«), das sich der Onkel des Erzählers in Augustins Roman »Gutes Geld«
(1996) für seinen Grabstein imaginiert, ist als sichtbares Zeichen der Existenz prominent ausgestellt und witzig und tröstlich zugleich (G 16[6]).

Sujet und Ereignis

Wenn man den Ursprung des Erzählens bei Augustin bestimmen möchte,
so bietet sich die Unterscheidung von Sujet und Ereignis an. Jeder seiner
Romane kennt eine Normalität (die sujetlose Textschicht), die durch das
Ereignis (die Ereignisfolge) verändert wird: das Sujet entsteht als die nur
hier und nur so wie hier mögliche (prinzipiell eigentlich nicht mögliche)
Wirklichkeit.

Was Normalität bedeuten (implizieren) kann, sagt dem Leser beispielsweise der Name Friedrich Asam: »Asam war Lehrer. Wenn er vorgestellt
wurde, fragten Gebildete: ›Egid Quirin oder Cosmas Damian?‹, jedoch war
ihm dieser Scherz längst bekannt und lästig. Falls jemand so fragte, lächelte
er um keinen Preis, sondern nannte ernsthaft seinen wirklichen Vornamen:
Friedrich.« (K 11[7])

Asam ist also nicht Künstler geworden, wie seine berühmten Namensvet-
tern, sondern Lehrer. Und vom Beruf des Lehrers wird gesagt, dass es kaum
»etwas Auswegloseres gibt« (K 53). Diese Ausweglosigkeit besteht in der
sujet- und ereignislosen Alltäglichkeit des Berufslebens, die sich auch auf
das folglich ebenso trostlose Privatleben auswirkt: »Jeden Tag dasselbe.«
(K 16) Asam lebt in einer Männerpension, unterrichtet Tag für Tag seine
Schüler in Latein, erwartet von ihnen seltsam vorgestanzte Cäsar-Überset-
zungen und führt ein »Zensurenbuch« (K 14). In den Pausen verzehrt er im
Lehrerzimmer »sein belegtes Brot aus der Tüte« (K 15); die »abgestandene
Luft« (K 20) und der »Stoß Hefte« (K 21), der von ihm kontrolliert werden
will, illustrieren die Hölle der Gewöhnlichkeit, in der er und das gesamte
Kollegium leben.

Die Kunst als Gegenwelt ist freilich immer präsent: Der Milchkutscher
heißt Kubin (vgl. K 94) und ein Lehrer aus Asams Kollegium trägt den
Namen Nolde und verweist auf »die andere Seite« – quasi zur Demonstra-
tion einer blassen Variante des Künstlerdaseins, und im Klassenzimmer
hängen ein Bild Caspar David Friedrichs sowie eine Nibelungen-Illustra-
tion: »Hagen von Tronje mit Günther auf dem Ritt nach Worms« (K 16).
Lehrerexistenzen wie Asam (und Nolde) sind von prominenten Kunstwel-
ten umgeben oder behandeln im Unterricht historische Ereignisgeschichte
von Rang; ihnen selbst aber blüht allenfalls die bürgerliche Ehehölle oder
das Junggesellen-Hobby: der Bau eines Terrariums – ein »beängstigender
Zug« (K 20). Die »enge Halskrause« (K 22) der Existenz kann allenfalls

durch Phantasiegeburten geweitet werden, wobei der entsetzliche Gedanke, selbst nur »ausgedacht« (ebd.) und gar nicht richtig existent zu sein, leicht in die »Katastrophe« mündet – so der Titel des »Ersten Buches« des aus drei Teilbüchern bestehenden Romans. Phantasie- als Kopfgeburten gehen dabei das Wagnis ein, die andere, bislang unbekannte Seite der Existenz kennenzulernen und damit die Differenz von vertraut / unvertraut aufzuheben. Die Gefahr, sich dieser unvertrauten Welt anzuvertrauen, besteht darin, dass man in der Konfrontation mit der Nichtexistenz die vertraute Welt verliert, in der man sich eingerichtet hat. Aber es ist eine Chance, eine Möglichkeit, die bloße Existenz zu erweitern, zu bereichern, zu verdoppeln. Um ihrer sujetlosen Lebenswirklichkeit zu entfliehen, wagen Augustins Protagonisten den Lebenswechsel: Sie suchen immer neue, alternative (unbekannte) Umwelten auf, für die sie sich – zumindest teilweise – neu erfinden müssen: um zu überleben.

»In dieser Welt (…) überlebt der Mensch nicht« (G 28), sagt der Onkel des Erzählers in Augustins Roman »Gutes Geld«, und er benennt damit eine Grundwahrheit aller Existenz: denn der Mensch hat nur diese eine Welt. Gleichwohl aber kennt er andere Welten auch, zumindest der Möglichkeit nach, mögen sie sich vor ihm auch verbergen, ihrem Wesen nach nicht wahrnehmbar sein und ohne empirisch messbare Resonanz bleiben, wenn er seine Signale aussendet. Als wahre Weltenstifter setzen sich die Künstler und Schriftsteller autonom, die – und sei es als Gleichnis – alternative Wirklichkeiten schaffen und sie für den Leser, den Kunstfreund, den Beobachter schlechthin begehbar machen.

Jedes Buch Ernst Augustins ist als eine solche Gegenwelt erfahrbar, sujethaltig und ereignishaft, und jedes seiner Bücher unterscheidet sich nicht nur von der Wirklichkeit, sondern trifft in sich weitere Unterscheidungen, um die Möglichkeit alternativer Welten zu potenzieren. Oft sind es Traumwelten, die da geschaffen werden – a dream within a dream –, immer aber sind es Gleichnisse und Analogiebildungen, die zu uns sprechen und uns die (möglichen) Reichtümer unserer Existenz vor Augen führen, aber auch die Möglichkeit unserer Nichtexistenz: das Unvertraute im Vertrauten. So ist eine Figur in Augustins Debütroman nach der biblischen Gestalt des Lazarus benannt, von der die Sage geht, dass sie den Übergang von beiden Seiten der Existenz vollzogen habe – sie überschritt die Linie vom Leben zum Tod und vom Tod zum Leben, wobei uns die Bibel eine Darstellung des Lebens des Lazarus *nach* dessen Tod (und *im Tod selbst*) vorenthält, während Augustin sie uns bietet – als traurige Erzählung von »Serienarbeit« (K 83), Ausbeutung und Erpressung: a life of the living dead.

Diese Tortur der Gewöhnlichkeit wird in »Gutes Geld« wieder aufgegriffen und mit dem Versprechen ungeheurer Reichtümer kompensiert – das sich dann nicht erfüllt. Was sich prototypisch aber immer manifestiert, im

Nouveau Roman wie bei Augustin, ist die »Weg-Ziel-Struktur«, die nach Maßgabe eines teleologischen Verlaufsmodells angelegt zu sein scheint und sich im artifiziellen Medium erfüllt, einmal mehr die grundlegende Differenz zur Wirklichkeit unterstreichend, die eine solche »geheime Teleologie« nicht kennt.

Re-Entry

Die Wirklichkeit, die in die Wirklichkeit eingeführt wird, stiftet Erkenntnis: »Wie ein Beispiel der Sache selbst.« (RL 80) Augustin erläutert diese Realitätsverdopplung am Beispiel einer »Schlucht«, die gleichsam wie eine »Schüssel« in Afghanistans Wüstenlandschaft eingebettet liegt: ein »Sandstrich« (ebd.) in einem Sandstrich. Die Luft dort ist angenehm temperiert, »wie das eigene Blut«, sodass der Unterschied »zwischen dem, was vor und hinter der Haut liegt, aufgehoben ist.« (Ebd.) Der Wanderer, der diese »schöne Sandfläche« betritt und sich auf ihr niederlässt, hört »keinen Widerhall« mehr: »man ruft hier im eigenen Kopf« (RL 82), während man sich »selber auf der Sandfläche« sitzen sieht, quasi wie gespiegelt (RL 80). Eine ganz und gar aus Sand und Lehm und Hitze gebackene Wirklichkeit, eine »Sandwüste« mit »ihren Dünen nach allen Seiten dahinrollend und auf hundert Kilometer von keinem Licht unterbrochen« (RL 83).

Es geht um »Bedeutungserlebnisse« (RL 103) in einem spirituellen Sinn. Dafür kennt der Autor viele Bilder und Bezeichnungen, die alle ungefähr dasselbe meinen: die »gewaltige Erkenntnis«, die uns plötzlich durchfährt; das »Glück«, das sich uns unverhofft zeigt (ebd.); »das geistwirkende Wort, das besondere Kraft vermittelt« (RL 181); das »Wunder« der »Transparenz« (RL 186), das in der »Gedankenruhe« (RL 151) liegt; die »Einswerdung« (»Samadhi«), die demjenigen in Aussicht gestellt ist, der das körperliche und geistige Joch abwerfen kann, in das er eingespannt ist: durch Enthaltsamkeit, positive Lebensführung, Selbstzucht, Reinlichkeit, Charakterbildung, Körperbeherrschung, Atempflege, Rückzug und »Abschaltung« der Sinne sowie Konzentration. (RL 146) Dabei geht es auch um den richtigen Gebrauch der eigenen »Kräfte« (RL 167), um die »Möglichkeit« ihres Gebrauchs, die das Gebot der Selbstbeherrschung umfasst, um der »Versuchung« zu widerstehen, »die Kräfte zu missbrauchen« (ebd.).

Das fiktive London aus der mittleren Schaffensperiode ist nur ein Beispiel dafür, wenn auch ein zentrales. In »Eastend« geht es um die Erkenntnismittel, die ein Schriftsteller anwendet, um den richtigen Weg zu sich selbst zu finden. Die erste Spur davon findet sich in »Raumlicht«: »Wenn du nach London kommst«, sagt dort Yoga-Lehrer Ashram Miram, »fahre mit dem Omnibus, dem roten doppelstöckigen von Aldgate nach Poplar-Bath und meditiere dort auf einen braunen Fleck in der Mauerritze rechts neben dem Eingang, damit wollte er die Größe in der Kleinheit demonstrieren.« (RL 142)

Es mag ein breiter oder ein diskreter Pfad sein (oder ein »feiner Weg«), dem man folgen muss, um in der Fremde, so wie hier in London, sein Glück zu finden. Doch mit »Doppelstockbussen« (E 142), die mit ihrem »Oberdeck« (E 122) als Einzige die Begrenzungen überragen, die der Mensch um sich herum errichtet hat – die »geschlossene Front« der englischen »Geschäftshäuser« (RL 166), die »graue Wand der Banken« (E 139), die »grauen Stahlkolosse«, in denen »das Geld liegt« (E 138), die »Bauzäune« (E 151) und »versperrten Hausfronten« (E 164) –, kann es gelingen, sich »in die Höhe zu heben«, »sich um sich selbst zu verlängern« (E 251), »um in den Ablauf der Dinge hineinzublicken« (E 179 f.). Man gewinnt an Anschauung, wenn man neue Lebenswelten aufsucht: »Als ob hier – ich spreche es einmal aus – in zwei verschiedenen Ebenen zwei voneinander unabhängige Perspektiven ineinanderlaufen, so sah das aus: Das eine (Leben) versinkt, das andere erhebt sich.« (E 139 f.)

Das London, von dem hier die Rede ist (und das Ashram Miram kennt), ist nicht *das* London allgemein (und auch nicht irgend*ein* London), sondern »mein London«, wie der Ich-Erzähler und Schriftsteller Almund Grau (der spätere Psychoanalytiker Almond Gray) sagt: »Meine Balance«, »mein Anliegen«, »mein Geld« (E 143) stehen hier zur Disposition, »mein Gefühl« und »mein Einfall« (E 126) bestimmen die (erweiterbaren) Grenzen seiner Realität. Dieser Einfall betrifft die Anlage der dargestellten Welt, die auf »verschiedenen Ebenen« (E 139) oder »Bahnen« (E 192), »Perspektiven« (E 140) verläuft, wahrgenommen werden kann und dabei auch das eine oder andere »Zeittor« »passiert« (E 128): »Das Leben lief dann auf einer anderen Spur in einem anderen England weiter.« (E 102) Denn neben dem London bekannter Postkartenmotive (Piccadilly Circus, Oxford Street, Nelsonsäule), das als »Riesenenttäuschung« (E 104) erfahren wird, weil es sich in Auflösung befindet oder schon halb verschwunden ist (»Ich war bereit abzureisen«; E 105), existiert noch ein hinreißendes alternatives London, und zwar eines jenseits des Stadtplans, der »den Touristen verkauft wird« und der »eigentlich eine Amputation darstellt« (E 108): Jenseits der amputierten Touristen-Map liegt das östliche London der East-Londoner (E 110), und jener vom »Gesamtplan« (E 108) der »Riesenstadt« (E 104) an der Themse »wie ein rechter Oberarm« (E 109) getrennte Osten repräsentiert das »Einwanderungsland« (E 113) England, in dem das »Auswandererschicksal« (E 116) Almund Graus (des späteren Almond Gray) sich erfüllen kann und wird – und zwar buchstäblich wie im Märchen, wo man gewöhnlich drei Wünsche frei hat. Die amputierte Wirklichkeit der Metropole ist in Wahrheit ein Märchenstoff, dessen Potenzial derjenige entdeckt, der den »feinen Weg« kennt.

Die Vorstellung, sich sein Leben so einrichten zu können, dass man frei ist – eine Art Freiheit genießt. Denn dazu gehört »Phantasie« (E 29), die etwas Farbe in das Einheitsgrau der Wirklichkeit zaubert. Mit Phantasie lässt sich die Enge und Geschlossenheit der Existenz überwinden. Wie der Autor, so haben auch einige seiner Protagonisten eine Geschichte, eine Vergangenheit, in der die Wirklichkeit total, in aller Totalität herrscht oder herrschte. In einer Sequenz erzählt »Eastend« von einer Reise in die DDR, ins Land der früheren Existenz von Almund Grau, in der die Zeit stehen geblieben zu sein scheint, so grau und gleichförmig ist alles, so lähmend und bedrückend. Ein Alptraum versetzt dem Ich-Erzähler einen tiefen Schock: den Reisepass verloren zu haben, diese Gegenwelt nicht mehr verlassen zu können. In »Raumlicht« haben Kriegszeit und Nachkriegszeit ähnliche Bilder von Melancholie und »Armseligkeit« (E 28) hinterlassen, aber der traum- und phantasiebegabte Erzähler, den immer wieder Bilder einer exotischen Gegenwelt überkommen, stellt sich vor, er sei frei (vgl. E 44). Im schärfsten Kontrast zu seiner beengten Lebenswelt – der Ich-Erzähler von »Raumlicht« arbeitet als Assistenzarzt in der »Nervenklinik« (RL 62) der Ostberliner Charité, 1957 – sehnt er sich ein Leben in freier Selbstbestimmung herbei, und er bekommt es auch: sein »Freiheitsdrang« (RL 44) ist stärker als die Angst vor dem Ungewissen der Existenz, in die er sich begibt.

Charakteristisch für Augustins Protagonisten ist der Lebenswechsel, die Änderung der Lebensverhältnisse innerhalb eines biologischen Lebens, ist jene »Verwandlung« (RL 56), die Gesundung, Befreiung, Öffnung, Weiterung bedeuten, aber auch Erkrankung, Lähmung, Angst, ja Panik und Selbstverlust im Wahnsinn mit sich bringen kann. Wer kann, vollzieht diesen zentral bedeutsamen Lebenswechsel in ein Parallelleben, beispielsweise von der Unfreiheit in die Freiheit: »Ich habe oft den Weg ausgemessen« (RL 44), sagt der Assistenzarzt in »Raumlicht«, denn er hat wiederholt den Weg von Ost- nach Westberlin gedanklich ausgeschritten, die Flucht über die Sektorengrenze »bei Nacht und Nebel« gewagt, »wenn kein Aas Lust« hatte, »das Spreeufer zu kontrollieren« (ebd.). Im Berufsalltag auf wenige Koordinaten festgelegt, ist er gedanklich bereits frei – und folgt schließlich dem ersten Ruf, der ihn ereilt: »Das ist es, man ruft hier im eigenen Kopf.« (RL 82)

Als Medium des Lebenswechsels kann der (gute und böse) Traum gewertet werden, der von Gesunden wie Kranken geträumt wird, wobei sie sich des Träumens bewusst oder nicht bewusst sind. Nicht wenige der Augustin-Figuren sind über die Maßen »phantasievoll« (RL 60) und vollziehen ihren Lebenswechsel als »schizophrene Wesensveränderung« (ebd.), die als Einsicht in die Unmöglichkeit der Existenz begriffen und geradezu schockhaft erlebt wird.

Jeder Roman Ernst Augustins kann als modernes Märchen, mit märchenhaften Fügungen interpretiert werden. Es geht darum, Berge zu versetzen

(E 7 u. passim), die Materie zu beseelen (E 190), sich mit hoher Mobilität exotische Umwelten zu erschließen, den »Lebenswechsel« zu wagen. Die Menschheit, die alles niedermäht, die Kreatur, die mit ihrer »unglaublichen Brutalität« (E 191) alles zerstört – Paradebeispiel ist Mahmud, der Protagonist des gleichnamigen Romans –, hinterlässt doch auch Schönheit und »absolute Kunst« (E 140). Und der behandelnde Arzt in »Raumlicht« wattiert die Wirklichkeit mit Worten von solch sedierender Wirkung, dass da eine entsprechende Zelle für seine Patienten oder gar eine Zwangsjacke gar nicht mehr vonnöten (RL 35) ist. Jeder Roman erzählt »ein ganzes Lebensdasein« (RL 163) in einer Nussschale, und auch die schützt.

1 Ernst Augustin: »Eastend. Roman«, Frankfurt / M. 1982 (auch Suhrkamp Taschenbuch 1176). Die Ausgabe wird hier und im Folgenden als »E« mit Seitenzahl nachgewiesen. — 2 Vgl. Harald Weinrich: »Das Ingenium Don Quijotes. Ein Beitrag zur literarischen Charakterkunde«, Münster 1956, S. 8. — 3 Ebd., S. 9. — 4 Ebd. — 5 Ernst Augustin: »Raumlicht oder Der Fall Evelyne B. Roman«, Frankfurt / M. 1976. Die Ausgabe wird im Folgenden als »RL« mit Seitenzahl nachgewiesen. — 6 Augustin: »Gutes Geld. Roman«, Frankfurt / M. 1996. Die Ausgabe wird hier und im Folgenden als »G« mit Seitenzahl nachgewiesen. — 7 Ernst Augustin: »Der Kopf. Roman«, München 1962, S. 11. Die Ausgabe wird hier und im Folgenden als »K« mit Seitenzahl nachgewiesen.

Martin Hielscher

Ernst Augustin und seine Verlagspolitik

Als Ernst Augustin nach der Rückkehr aus Afghanistan und Indien 1961 nach München zog, suchte er für seinen ersten Roman »Der Kopf« einen Verlag. Er trug das Manuskript, statt es mit der Post zu verschicken, direkt zu einigen Münchner Verlagen, unter anderem zum damals noch unabhängigen Piper Verlag, dessen zuständiger Lektor ihm im Namen des Verlegers schon nach kurzer Zeit eine Zusage machen konnte. Augustins erster Roman erschien Ende März 1962, und der Verlag produzierte ein Leseexemplar mit einem dünnen Pappumschlag, das den Titel »Der Kopf des Riesen« trägt, nicht der endgültige Titel, wie man weiß.[1]

Noch in dem kurzen Zeitraum zwischen der Produktion des Leseexemplars und dem Erscheinen der in Leinen gebundenen Ausgabe, die damals 19,80 DM kostete, wurde der Titel zu dem schlichteren »Der Kopf« korrigiert. Das Buch wurde ein Achtungserfolg, Hans Magnus Enzensberger lobte den Roman auf einer ganzen Seite im »Spiegel« als »grandiosen metaphysischen Witz«,[2] im Ankündigungstext des unkorrigierten Leseexemplars, in dem noch der Übersatz zu finden ist ebenso wie der Appell, eine nicht korrekt mit dem gewählten Satzspiegel abschließende Seite um »eine Zeile zu erweitern«, wird auf Kafka und Hermann Kasack hingewiesen, der dort »Kazak« geschrieben wird.

Der Roman mit seiner schwindelerregenden Geschichte um den Versicherungsbeamten Türmann trug Ernst Augustin den Hermann-Hesse-Preis ein, verkaufte sich circa 3000 Mal, für ein Debüt anständig, aber nicht sensationell. Beim zweiten Roman »Das Badehaus« verhielt es sich ähnlich, die Literaturkritik reagierte schon etwas weniger euphorisch als noch bei »Der Kopf«. Immerhin wurde Augustin zur Tagung der Gruppe 47 in Princeton 1966 eingeladen und machte mit einer Lesung aus seinem dritten, sich im Entstehen befindenden Roman Furore, war, was er im Laufe seiner Schriftstellerlaufbahn so selten sein sollte, eine »celebrity«. Dieter E. Zimmer schrieb in der »Zeit«: »Lettaus Triumph kam nur der von Ernst Augustin gleich. Er las aus einem neuen, seinem dritten Roman, der die Karrieren eines Finanzmannes, eines Generals und eines Medizinprofessors zum Gegenstand haben soll, und zwar eine Episode aus dem Leben dieses Mediziners, in der der Elfjährige, ein fetter und wichtigtuerischer Bengel, einen Kameraden mit Klistieren, Medikamenten und schließlich einem Aderlaß zu Tode kuriert. Eine Episode, als Falle angelegt, so daß man über das eigene anfängliche Lachen erschrickt, wenn die makabre Komik in Grauen umschlägt und man in dem Kinderspiel überdeutlich eine wertfreie, von fühllosen Monstern betriebene erwachsene Wissenschaft gespiegelt sieht.«[3] Nur in einer unkommentierten Aufzählung nennt Zimmer in diesem Artikel Peter Handke, der auch las und nicht mit seinem Text reüssierte, dafür aber am folgenden Tag zu einer medienwirksamen Beschimpfung der anwesenden Autoren und Kritiker überging, die Augustins Erfolg in den Hintergrund drängte, Handke aber trotz der durchgefallenen Lesung nachhaltig Beachtung, ja Berühmtheit verschaffte.

Dennoch führte Ernst Augustins Auftritt dazu, dass der folgende, in Princeton mit einem Auszug vorgestellte Roman bei Suhrkamp erschien, nicht zuletzt auch aufgrund der Fürsprache von Enzensberger unter anderem bei Siegfried Unseld, dem Augustins Werk insgesamt wohl eher fremd geblieben ist. 1970 erschien »Mamma« also bei Suhrkamp, auf dem Umschlag das poppige Siebdruck-Konterfei des Autors. Marcel Reich-Ranicki verriss den Roman und weder die Erfolgserwartungen des Autors noch des Verlegers erfüllten sich. Dennoch erschienen auch die weiteren Romane Augustins im Suhrkamp Verlag, zuletzt »Gutes Geld« (1996). Erfolgreich waren vor allem »Raumlicht. Der Fall Evelyne B.« (1976) und »Der amerikanische Traum« (1989), beide Romane trafen jeweils, wenn sie auch ganz schlüssige Beispiele für eine Augustin eigene Thematik und Schreibweise sind und auf ihre Weise von der Bodenlosigkeit des Subjekts und dem Illusionären des linearen Zeitbegriffs handeln, doch auch eine Zeitstimmung, einerseits das Interesse an der »Schizo-Literatur«, andererseits an einem anderen Erzählen über die deutsche Geschichtskatastrophe und den Zweiten Weltkrieg. Augustins Auflagen erreichten aber nie die Schwelle zum großen Publikumserfolg, wie Martin Walser oder Peter Handke, Max Frisch oder Adolf Muschg, Thomas Bernhard oder selbst Wolfgang Koeppen mit »Jugend« sie im Suhrkamp Verlag, also seinem eigenen verlegerischen Zuhause, erzielten. Er ist ein ewiger »Geheimtipp« geblieben, wie die »Frankfurter Allgemeine Zeitung« ihn auf der Buchmesse 2012 in einer ihrer Messezeitungen zitierte, als Augustin mit seinem Alterswerk, dem Roman »Robinsons blaues Haus«, auf die Shortlist des Deutschen Buchpreises kam, aber nicht den Preis gewann. Die Hardcover-Ausgabe verkaufte sich mit etwas über 12 000 Exemplaren ungefähr so, wie es für Augustins erfolgreichere Bücher üblich war, aber auch die verhältnismäßig große Medienresonanz führte nicht zu einem höheren Absatz.

Die Unkenntnis seines Werkes auf der einen Seite, eine Abwehr bei einem Teil der Literaturkritik und der Jury-Mitglieder wichtiger Literaturpreise auf der anderen Seite verhinderten etwa eine Karriere im Literaturbetrieb, wie sie zuletzt eindrucksvoll am Beispiel Sibylle Lewitscharoffs bis zu ihrer Dresdner Rede vom 2. März 2014 »Von der Machbarkeit. Die wissenschaftliche Bestimmung über Geburt und Tod« zu beobachten war. Für eine bestimmte machtvolle Fraktion im Literaturbetrieb ist das Werk Ernst Augustins, was seine Subtexte, die Intertextualität und die theoretische Grundierung anbelangt, anscheinend nicht gewichtig genug. Für ein großes Publikum, das eher identifikatorisch liest, fehlt paradoxerweise die Möglichkeit, sich psychologisch gleichsam anlehnen zu können, denn die Seelenräume, die Augustins Romane öffnen, sind vordergründig nicht die der bürgerlich-urbanen Lebenswelt und ihrer Beziehungsprobleme, obwohl das alles auch in seinen Romanen vorkommt. Die Komik und Fabulierlust, die Leichtigkeit und das Spielerische seiner »Plots« haben bis zuletzt dazu geführt, dass die hohe Virtuosität, der Anspielungsreichtum, der Kunstcharakter seiner Rollenprosa, die Abgründigkeit seiner Zeit- und Raumkonstruktionen und die Schönheit der vorgestellten Welten nicht wahrgenommen und nur von einem kleinen Kreis faszinierter Kritiker und Autorenkollegen erkannt und gewürdigt worden sind. Augustin ist der klassische Fall eines *writer's writer*.

Diese Überlegungen dienen dazu, so kursorisch sie das an dieser Stelle auch nur tun können, das Autorenschicksal Augustins zu umreißen, um verständlich zu machen, dass er sich mit 74 Jahren entschloss, seinen Verlag zu verlassen, in dem noch 1997 in der Reihe »suhrkamp taschenbuch« ein »Lesebuch« zu seinem Werk »Die sieben Sachen des Sikh« erschienen war, herausgegeben von Lutz Hagestedt. Die Krankheit und der Tod Siegfried Unselds, dessen Vertrauter, Gefährte, Gesprächs- und Sparringpartner wie manch andere Autoren Augustin nie werden sollte (oder wollte), besiegelten einen Prozess der Entfremdung, der schon lange vorher eingesetzt hatte und der sich auch im Ärger über eine Praxis manifestierte, wie sie Autoren immer wieder widerfährt, die wichtig für einen Verlag, aber nicht dessen tragende Säulen sind. Man hält die Werke lieferbar, pflegt sie aber nicht so wie die der erfolgreicheren Autoren, man sorgt für ein Mindestmaß an Auflage, um die Rechte nicht an den Autor zurückgeben zu müssen, denn die Autorenrechte sind zu einem großen Teil das Kapital eines Verlages, und wenn das Werk eines Autors nicht mehr lieferbar ist und der Verlag auch nicht nachdruckt, hat der Autor die Möglichkeit, seine Rechte zurückzufordern. Man verhindert eine solche Situation, indem man eine gewisse Menge auf Lager behält, aber man setzt sich nicht aktiv für die Pflege der sogenannten »Backlist« ein, also der lieferbaren Titel eines Autors im Verlagsprogramm, sondern engagiert sich, wenn überhaupt, erst wieder bei einer Neuerscheinung. Das Augustin-Lesebuch war so ein Versuch, die »Backlist« zu verwerten, indem unter verschiedenen Kategorien sogenannte »Mikrogeschichten« aus seinen Romanen herausgenommen und neu gruppiert wurden, um Augustin als »begnadeten Erzähler« erkennbar und damit vielleicht für ein größeres oder neues Publikum attraktiv zu machen. Das schöne und verdienstvolle Lesebuch – und vielleicht liegt das auch an dem Begriff »Lesebuch« selbst –

konnte aber auch nicht eine Neuentdeckung und Neuverwertung der Romane Augustins in Gang setzen, die, so positiv eine bestimmte Schar von Kritikern im Feuilleton auch regelmäßig reagierte, wenn im Abstand von etwa fünf, sechs Jahren jeweils ein neues Werk erschien, doch Lektüre für eine solide Minderheit blieben.

Als 2003 der Roman »Die Schule der Nackten« im Münchner Verlag C. H. Beck erschien, war das für Ernst Augustin in mehrfacher Hinsicht ein Neuanfang. Der Roman, bei dessen Buchvorstellung im Münchner Literaturhaus 200 Gäste erschienen, verkaufte sich annähernd 16 000 Mal und in der Taschenbuchausgabe beim Deutschen Taschenbuch Verlag bis heute noch einmal so viel.

Der Roman war der Auftakt zu einer Werkausgabe in Einzelbänden, die inzwischen zehn Bände umfasst. Alle Augustin-Ausgaben zeigen auf dem Schutzumschlag jeweils ein Gemälde von Inge Augustin, mit der der Autor seit 1953 verheiratet ist, manches Bild ist eigens für den jeweiligen Roman gemalt worden. Die Typografie der Bände ist einheitlich und mit Augustin abgestimmt worden, die Bände wurden zügig hintereinander veröffentlicht und in einer Reihenfolge, die sich stark nach den Wünschen des Autors richtete.

Bislang sind vier echte Neuerscheinungen von Ernst Augustin bei C. H. Beck herausgekommen, nach »Die Schule der Nackten« der Erzählungsband »Der Künzler am Werk. Eine Menagerie« (2004) – einige dieser Erzählungen hat Ernst Augustin selbst für sein 2007 bei C. H. Beck erschienenes Hörbuch »Goldene Zeiten« eingesprochen –, 2012 der Roman »Robinsons blaues Haus« und im Frühjahr 2015 »Das Monster von Neuhausen«, eine Art Gerichtsprotokoll und praktisch eine Novelle. Neuausgaben erschienen in einigen Fällen unverändert, in anderen als Neufassungen, wobei sich die Änderung manchmal auf den Titel beschränkte, manchmal aber auch stärkere Eingriffe in den Text mit sich brachte.

Die Neuausgabe von »Mahmud der Schlächter oder Der feine Weg«, einem Roman, der Augustin besonders am Herzen liegt, erschien 2003 unter einem veränderten Titel, in den Text selbst wurde aber nicht eingegriffen. Augustin wählte für die Neuausgabe den weniger martialischen Titel »Mahmud der Bastard«, da er sich das Schicksal des Romans, der sich keineswegs so verkauft hatte wie etwa »Raumlicht« oder »Der amerikanische Traum«, auch dadurch erklärte, dass ein Wort wie »Schlächter« durch die Grausamkeiten der deutschen Geschichte im 20. Jahrhundert gleichsam tabuisiert war.

Die Neuausgaben der Augustin'schen Romane bei C. H. Beck sind aber Liebhaberstücke geblieben, selten ging der Verkauf über maximal 2000 Exemplare hinaus, mitunter blieb er weit darunter. Zum 80. Geburtstag des Schriftstellers legte der Verlag eine achtbändige Kassette vor, die sich einige hundert Male verkaufte. Sie enthält die Neuausgaben von »Raumlicht« (2004), »Eastend« (2005), den Roman »Badehaus Zwei«, die überarbeitete Neufassung von »Das Badehaus« (2006), die Neufassung von »Mamma« unter dem Titel »Schönes Abendland« (2007) und »Der amerikanische Traum« (2007); außerdem »Die Schule der Nackten«, »Der Künzler am Werk« und »Mahmud der Bastard«.

Da Augustin durch die Operation eines Tumors mitten in der Arbeit an seinem Roman »Robinsons blaues Haus« fast vollständig erblindete, dauerte es bis 2012, bis dieser schwebende, heitere, phantastische und auch dunkle Altersroman über den Dialog mit dem Tod erscheinen konnte, der im gleichen Jahr auf die Shortlist des Deutschen Buchpreises kam. 2013 veröffentlichte C. H. Beck die Neuausgabe von Augustins Roman »Gutes Geld«.

Die stärksten Eingriffe angesichts der Neuausgaben nahm Ernst Augustin bei den frühen Romanen »Das Badehaus« (1963) – jetzt also »Badehaus Zwei« – und bei »Mamma« (1970) vor. Dialoge wurden gekürzt und stärker zugespitzt, der Erzähltext hie und da gestrafft, flüssiger und leichter gemacht, eleganter. Bei »Mamma«, das jetzt »Schönes Abendland« heißt, ein Roman, der die Parallelbiografien der Drillinge Kulle, Stani und Beffchen erzählt – es war ein Auszug daraus, der in Princeton seinerzeit so viel Furore gemacht hatte –, stellte Ernst Augustin die Reihenfolge der drei Lebensgeschichten um. Sie heißen jetzt auch anders, nicht mehr »Kulle: Der General«, »Stani: Die Juwelenstädte« und »Beffchen: Das Bild des Chirurgen«, sondern »Stani: Der Reiche«, »Kulle: Der Ranghöhere« und »Beffchen: Doch versuche nicht den Schöpfer«. Der Roman setzt also nicht mit der Geschichte des Generals, sondern mit der des reichen Kaufmanns ein. Dahinter steckt eine ähnliche Überlegung wie bei der Titeländerung des Mahmud-Romans – der Dominanz des Martialischen Einhalt zu gebieten. Natürlich muss der Text dieser Veränderung angepasst werden. Der Prolog des Romans, der Gang zur »Jungfer«, lässt nicht den General, sondern den Kaufmann als Ersten erscheinen, allerdings trägt Stani die Kleidung, die in der ersten Fassung Kulle trug. Der erste Absatz des ersten Teils, der wie gehabt mit »Ich bin der erste« beginnt, schildert die Geburt Stanis, nicht Kulles, der gesamte Roman ist so überarbeitet worden, dass die Bezüge und Querverweise der Drillinge aufeinander mit der veränderten Reihenfolge in Übereinstimmung gebracht worden sind.

Faszinierend wäre, die Überarbeitungen früherer Romane durch die Autoren für spätere Ausgaben einmal miteinander zu vergleichen. Der selbstkritische Umgang mit den früheren Ausgaben ist wie ein durch die größere, im Laufe der Autorenbiografie gewonnene Souveränität, die geschliffenere Technik, das klarere Wissen über die eigenen Motive angeleitetes Lektorat.

Die drei bei C. H. Beck erschienenen größeren neuen Werke Augustins, »Die Schule der Nackten«, »Robinsons blaues Haus« und »Das Monster von

Neuhausen«, schließen an bestimmte Themen an, die man in seinen Romanen und auch den kürzeren Texten finden kann, das Sexuelle und das Therapeutische, Geldwäsche und Geldvermehrung, Jagd und Verfolgung, das Entwerfen und Bauen von Schutzräumen, eine Art biografische Erfahrung, die ins Labyrinthische geht, und zugleich die geheimnisvolle Wiederkehr bestimmter Lebensbegleiter in wechselnder Gestalt. Tod und Krankheit sind nicht zum ersten Mal Thema, werden es aber in drängenderer und dramatischerer Weise. Die letzten beiden Bücher hat Ernst Augustin unter immer widrigeren Umständen, nahezu blind, geschrieben, mithilfe von Lesegeräten, aber so, dass er, der seine ersten Fassungen mit der Hand schreibt, das Ganze eines Textes wirklich nur noch imaginieren, nicht im Blättern, Nachlesen, Scrollen oder sonstwie sinnlich erfassen konnte. Er musste seine Textarchitektur vollständig im Kopf errichten.

Ernst Augustin hat, neben seinen neuen Büchern, nahezu sein gesamtes Werk – bis auf den Roman »Der Kopf« – in neuen, manchmal veränderten Ausgaben, mit Umschlägen, einem Satzspiegel und einem Schriftbild seiner Wahl bei C. H. Beck neu herausgebracht. Der Roman »Robinsons blaues Haus« ist ein Zwiegespräch mit dem Tod, geführt im virtuellen Chatroom, und endet damit, dass dieser, ein freundlicher kleiner Herr, den Erzähler veranlasst, die Löschtaste zu drücken. Das letzte Wort »unwiderruflich« steht da, versehen mit einem Fragezeichen. Unwiderruflich hat der deutsche Literaturbetrieb diesem Autor eine letzte Möglichkeit, ihn zu erkennen, zu verstehen, wie schön, wie klug und tiefsinnig sein Werk ist und das auch einer größeren Öffentlichkeit zu kommunizieren, dann doch verweigert, als er, angeblich eine knappe Entscheidung, den Deutschen Buchpreis nicht bekam. Er hatte sich, blind und krank und trotzdem eine eindrucksvolle Erscheinung, ein großer, schöner Mann mit langen weißen Haaren, zur Preisverleihung nach Frankfurt geschleppt, sackte, als die Entscheidung verkündet wurde, ein wenig in sich zusammen und sagte: »Die wollen mich nicht.« Sie wollten ihn dann doch nicht. Aber die Bücher sind da.

---

1 Exemplar im Besitz des Verfassers. — 2 Hans Magnus Enzensberger: »Ernst Augustin: Der Kopf«, in: »Der Spiegel«, 4.4.1962. — 3 Dieter E. Zimmer: »Gruppe 47 in Princeton«, in: »Die Zeit«, 6.5.1966.

Kai Sina

Geist der Erzählung 2.0
Ernst Augustins poetologischer Roman »Der amerikanische Traum«

Es ist der spektakulärste, traurigste und zugleich rührendste Romananfang, den man sich vorstellen kann, und um echte Romanhelden – schneidig, verwegen und lässig – geht es dabei gleich auf mehreren Ebenen.[1]

Ein kleiner Junge auf dem Fahrrad, ein leuchtender Sommernachmittag im Kriegsjahr 1944, eine mecklenburgische Landschaft mit Chausseen, Feldern, Wiesen. Der Junge hat Holz für den Winter gesammelt, nun ist er auf dem Weg nach Hause. Er ist ein leidenschaftlicher Vielleser, besonders liebt er amerikanische Abenteuer- und Detektivromane, sogenannte Genre-Literatur also, ja man gewinnt bald den Eindruck, der Junge lebe geradezu in seinen reißerischen Geschichten, mit ihm selbst darin als hart erprobtem Helden.

So erscheint ihm der See, an dem er gerade entlang radelt, vor dem inneren Auge unversehens »wie ein gewundener Urwaldstrom«, als »Oberlauf des Orinoko«, an dessen Ufer er sich durch das Unterholz schlägt, beharrlich auf der Flucht vor »Don Rodrigues«, dem »brutalen Polizeigouverneur, unter dessen Peitsche die ganze Gegend erzitterte« – genauso hatte er es zuvor in »Fluchtweg durch das Silberland« gelesen.[2] Doch bei dieser gedanklichen Vermischung von Genrewelt und Lebenswirklichkeit, die sich mit dem schlichten Hinweis auf eine lebendige kindliche Phantasie noch schlüssig erklären ließe, bleibt es in diesem Roman mitnichten.

In einer Maschine der U. S. Air Force fliegen drei Soldaten über die nordisch-sommerliche Landschaft. Gelangweilt schießen sie auf alles, was ihnen gerade ins Visier gerät, zunächst auf Kühe, dann Feldtraktoren, schließlich auf zwei Werkspolizisten (man kennt diese Szene ähnlich schockierend aus Stanley Kubricks Vietnamkriegsepos »Full Metal Jacket« oder Francis Ford Coppolas »Apocalypse Now«). Wie es weitergeht, liegt nahe: Irgendwann kommt der Junge auf dem Fahrrad in ihr Blickfeld, »ein winzig blau-gelbes zeitweilig aufleuchtendes Objekt«, und der Pilot drückt seine Maschine in den Tiefflug (AT 18).

Von dem Kind bleibt nach dem Angriff aus der Luft nur »ein ärmliches Häufchen« am Boden, »das schnell noch ärmlicher und kleiner wurde« (AT 23). Man hat gerade erst ein paar Seiten gelesen und schon scheint der absolute Endpunkt erreicht: der Endpunkt des Lebens, der Endpunkt des Erzählens.

Aber wer denkt, das junge Leben sei bereits erloschen, hat die Rechnung ohne Privatdetektiv Hawk Steen gemacht. Hawk, der einmal den »berüchtigten Gangster Babyface jagte« (AT 20), ist der Lieblingsheld des Jungen. Nun aber, da sein kindlicher Fan im Sterben liegt, meldet sich der ›Falke‹ überraschend selbst zu Wort; als Ich-Erzähler opponiert er vehement gegen solch ein trauriges Ende: »Ich akzeptiere das nicht. Da liegt eine ganze Welt, die liegt doch schon da, fast schon Fleisch und Blut und atemloses Erstaunen. Und nun einfach Zero? Nein.« (AT 24) Es handelt sich hierbei um eine kurzschlussartige, alogische Durchbrechung der Erzählebenen, für die es in der modernen Erzähltheorie einen eigenen Begriff gibt: den der ›narrativen Metalepse‹.[3]

Im Anschluss daran beginnt Hawk, seine eigene Geschichte zu erzählen – in allem Umfang und als Haupthandlung des Romans. So berichtet er davon, wie er den Spuren der drei Soldaten quer über den amerikanischen Kontinent folgt, um sich an ihnen für den Mord zu rächen. Und es ist, wie sollte es anders sein, eine mitreißende, geradezu atemlos erzählte Geschichte, die zahlreiche Figuren- und Handlungsklischees der Genre-Literatur aufs Komischste miteinander verbindet. Was als eine auf Betroffenheit und Rührung zielende ›deutsche‹ Geschichte aus der Zeit des Zweiten Weltkriegs beginnt, verwandelt sich mit dem Auftritt Hawks in eine ›amerikanische‹ Detektivgeschichte, die nicht nur an den typischen Erzählorten angesiedelt ist (im heruntergekommenen Office des Privatdetektivs, in zweifelhaften Hotels und Bars, in maroden Treppenhäusern), sondern zudem die hinlänglich bekannten Plot-Elemente in sich vereint (die Schießerei, die Verfolgungsjagd, die Flucht des Helden aus einer eigentlich ausweglosen Situation, die erotische Eskapade mit einer ebenso anziehenden wie rätselhaften Schönen, den Schlussfight um Leben und Tod).

Der Logik des Genres entsprechend erscheint auch Hawk, der Held des Ganzen, eher als ›Typ‹ mit durchaus erwartbaren Charaktermerkmalen denn als ›Individuum‹, das so in keinem anderen literarischen Werk denkbar wäre: Da ist der abgeklärte Jargon und der einsilbige Wortwitz, auf den sich der Detektiv selbst in Situationen größter Gefahr verlassen kann; und natürlich steckt in seinem Halfter keine andere Waffe als eine 357er Magnum, während für anspruchsvollere Aufgaben ein Jagdgewehr mit Zielfernrohr und panzerbrechender Munition herhalten muss.

Der Typisierungscharakter der Figuren zeigt sich auch bei den Gegenspielern Hawks, den ›Deathdealern‹, was nicht nur auf dem Bauch des Kriegsfliegers geschrieben steht (der kleine Junge hat diese Schrift in seinen letzten Atemzügen noch selbst entziffert), sondern auch als tätowiertes Gruppensymbol auf den Oberarmen der drei Exsoldaten verewigt ist: der ›schmächtige Eddy‹, den Hawk schnell ausfindig machen kann, sowie die Brüder Marko und Bag, die »schon andere Kaliber« (AT 10) sind, vor allem Bag, das »stolze Muskelpaket« (AT 7), das Hawk in den Sümpfen Zentralamerikas niederkämpft. Man beachte hier aber auch die spannungsheischende Anordnung, in der Hawk seine Gegner einen nach dem anderen erledigt: vom Leichtgewicht und bloßen Mittäter Eddy, der noch mit dem Schrecken davonkommt, über den damaligen Flugzeugführer Marko, dem er einige heftige Blessuren zufügt, bis zum Hauptschuldigen, dem Schützen Bag, der nach einer langen Jagd auf jämmerlichste Weise mit seinem Leben bezahlen muss: Am Ende erstickt der Riesenmensch an einer läppischen Fliege. Gerade in Motivkonstellationen wie diesen – also Kampfmaschine versus Kleininsekt – erweist sich Ernst Augustin als Meister der erzählerischen Kontraste.

Dies zeigt sich auch auf der Ebene von Komik und Tragik: Einerseits ergibt sich der slapstickhafte Witz des Romans aus der hohen Erwartbarkeit der von Augustin zusammengesetzten Genre-Bausteine; das Ganze ist, wie Thomas Anz schreibt, »ein ironisches Spiel mit Versatzstücken aus den geschriebenen und verfilmten Thrillern eines Hammett oder Chandler und auch aus Augustins Romanen, (…) ein literarisches Spiel, dem die Regeln der Wahrscheinlichkeit ziemlich gleichgültig sind (…). ›Der amerikanische Traum‹ ist, so gelesen, mehr komisch als spannend, voll von grotesken Clownerien«.[4] Andererseits gehört es ja zu allen »Clownerien«, dass sie den Ernst stets in sich tragen. Diese doppelte Semantik sorgt dafür, dass der Roman zu keinem Zeitpunkt ins Lächerliche abgleitet, im Gegenteil: Im Kern läuft die Intervention des Erzählers gegen einen allzu frühen und allzu traurigen Tod des kleinen Jungen auf ein geradezu trotziges Unterfangen hinaus, nämlich die Abwendung des Unabwendbaren durch die Kraft der Poesie.

»Der amerikanische Traum«, einschließlich seiner komischen Genre-Parodie, erweist sich aus dieser Perspektive im Ganzen als ein poetologischer Roman, der einen zentralen Interpretationsanreiz mit sich bringt: die Frage nach dem Status des schillernden Ich-Erzählers Hawk Steen und seines Erzählaktes.

1 Vergeistigung

Der Erzähler wendet sich zum Sterbezeitpunkt des Jungen nicht das erste Mal an seine Leser; schon gleich am Romananfang spricht er zu uns, im Rahmen einer kurzen Selbstvorstellung, an dieser Stelle allerdings – und dieser Aspekt ist wichtig – noch ohne Bekanntgabe seines Namens: »Ich bin ein beweglicher Geist, ich bewege mich schnell, fast schwerelos, und bin kaum zu treffen. Weil ich nie dort bin, wo man mich vermutet. Ich gehe durch die Straßen, mich selbst sozusagen wie eine versteckte Waffe mit mir führend, sonst eigentlich gar nicht richtig anwesend, und es sind dunkle Straßen, durch die ich gehe, schwarze und streng riechende. An der nächsten Ecke werden zwei Gestalten stehen, die mich schon von weitem ausgemacht haben und die ihr Glück gar nicht fassen können, der eine hat ein kurzes handliches Eisenrohr, und der andere hat ein Messer in der Hose, das er auch zu gebrauchen versteht – und nun komme ich als Silhouette in dieser gottverlassenen Gegend daher, möglicherweise noch mit Brieftasche und Rolex am Handgelenk (…). Doch dann an der Ecke, wo ein wenig graues Licht von der Seite einfällt, sehen sie mein Gesicht. Oder sagen wir, sie sehen, was in meinem Gesicht steht. Und dann lassen sie es lieber sein.« (AT 5)

Die Selbstbezeichnung des Erzählers als »beweglicher Geist« scheint in dieser Passage noch einer ebenso überspannten wie erwartbaren Selbstdarstellung zu dienen: Zunächst unsichtbar, dann wie aus dem Nichts auftauchend verbreitet dieser Detektiv Furcht und Schrecken unter den zwielichtigen Gestalten der düsteren Großstadtgassen – wie es sich für den Helden eines richtigen Detektivromans nun einmal gehört.

Aber der Erzähler belässt es beileibe nicht bei dieser selbstbewussten Rolleninszenierung. Nur wenige Absätze später kommt er auf sein »eigentliches Problem« (AT 6) zu sprechen; es betrifft den zweifelhaften Status seiner Existenz im Ganzen: »Denn wo und auf welcher vertrackten Zeitspur ich nun wirklich laufe, darüber bin ich mir selber nicht ganz im klaren. Ich bemühe mich ja. Dennoch beschleicht mich manchmal das Gefühl (…) – keine Angst, nein, keine Angst, aber das bodenlose Gefühl beschleicht mich, eine Unperson zu sein. Ja, manchmal zweifle ich ernsthaft daran, überhaupt zu existieren.« (AT 6)

Es handelt sich um eine enigmatische Äußerung, welche die Grenzen des Detektivgenres mit einem Schlag sprengt – und eine genaue Lektüre verlangt. Zwei Punkte scheinen dabei besonders von Belang zu sein: Der Erzähler weist erstens darauf hin, dass der Ort und die Zeit seines Daseins und damit auch des hier vorliegenden Erzählaktes im Unklaren liegen. Hieraus resultiert für ihn zweitens das Gefühl, »eine Unperson« zu sein, was anschließt an seine Selbstbezeichnung als »beweglicher Geist« zu Beginn des Erzählermonologs, wodurch ›Detektiv‹ und ›Unperson‹ in eins gesetzt werden. Wer spricht hier also?

Es handelt sich um ein fluides Wesen, das keine personale Existenz im konventionellen Sinne aufweist, oder kurzum: Es spricht ein ›Geist der Erzählung‹. Diese Erzählergestalt und -bezeichnung hat in Thomas Manns zuletzt begonnenem Roman »Der Erwählte« (1951) ein gewichtiges literaturgeschichtliches Vorbild, auf das Augustin, als erklärter Bewunderer der Erzählkunst Manns,[5] vermutlich bewusst anspielt. Einschlägig ist hier der umfangreiche und in der Geschichte des modernen Romans einzigartige Erzählerprolog Manns, der in seiner Komplexität und Detailliertheit sogar eine eigene Erzähltheorie[6] entfaltet: »Glockenschall, Glockenschwall, supra

urbem, über der ganzen Stadt, in ihren von Klang überfüllten Lüften! (…)
Wer läutet die Glocken? Die Glöckner nicht. Die sind auf die Straße gelaufen wie alles Volk, da es so ungeheuerlich läutet. Überzeugt euch: die Glockenstuben sind leer. (…) Wer also läutet die Glocken Roms? – *Der Geist der Erzählung.* – Kann denn der überall sein, hic et ubique (…)? An hundert weihlichen Orten auf einmal? – Allerdings, das vermag er. Er ist luftig, körperlos, allgegenwärtig, nicht unterworfen dem Unterschiede von Hier und Dort.«[7]

Die Ähnlichkeit der beiden Entwürfe ist fast unübersehbar, ja sie spiegelt sich gar in derselben Lexik (»Geist«) sowie der parallel gestalteten Syntax wider: »Luftig, körperlos, allgegenwärtig« seien Eigenschaften des Erzählergeistes, so heißt es in einer triadischen Aufzählung bei Mann, während er bei Augustin in einer ebenfalls dreischrittigen Formulierung als »schnell, fast schwerelos, und (…) kaum zu treffen« bezeichnet wird.

Allerdings wissen wir bereits, dass sich Augustins Erzähler im weiteren Verlauf – entgegen der eingangs behaupteten Nichtfassbarkeit – eine durchaus klar umrissene Identität zuspricht: »Ich bin Hawk, der Falke« (AT 24), so stellt er sich im Rahmen seines Einspruchs gegen das traurige Erzählende seinen Lesern vor. Hier scheint auf den ersten Blick also ein manifester Widerspruch vorzuliegen: Der »Geist« der Erzählung, der als »Unperson« daran zweifelt, ob er »überhaupt existiert«, tritt mit allem Selbstbewusstsein als ein »Ich« namentlich in Erscheinung. Wie, bitte, soll das möglich sein?

Wenig einleuchtend scheint mir jedenfalls der Versuch, den Ich-Erzähler und seine Geschichte als eine Art Traum oder auch Todesvision des sterbenden Kindes zu begreifen, wie es schon häufiger vorgeschlagen worden ist, vermutlich in stillschweigendem Rekurs auf den Romantitel. Warum aber sollte sich Hawk in so umfänglicher Weise selbst darstellen und seinen Status als Erzähler so eingehend reflektieren, wenn es sich lediglich um eine Art Kopfgeburt des sterbenden Kindes handelte? Diese Lesart scheint mir die besondere Komplexität der Erzählkonstruktion nicht angemessen zu berücksichtigen.

Schon eher hilft der erneute Rekurs auf Thomas Manns Erzählerreflexion, dieses hermeneutische Grundproblem des Romans zu lösen: Im »Erwählten« findet sich jene Erklärung recht breit ausgeführt, die im »amerikanischen Traum« allenfalls beiläufig angedeutet wird: »Und doch kann er (der Geist der Erzählung, Anm. d. Verf.) sich auch zusammenziehen zur Person, nämlich zur ersten, und sich verkörpern in jemandem, der in dieser spricht und spricht: ›Ich bin es. Ich bin der Geist der Erzählung (…).‹ (…) (I)ndem der Geist der Erzählung sich zu meiner mönchischen Person, genannt Clemens der Ire, zusammenzog, hat er sich viel von jener Abstraktheit bewahrt, die ihn befähigt, von allen Titular-Basiliken der Stadt zugleich zu läuten (…).«[8]

Wenn Hawk in seiner Selbstvorstellung von sich sagt, er sei »schon ziemlich deutlich vorhanden« (AT 24), so scheint mir dies in ähnlicher Weise auf ein ›Zusammenziehen‹ des nichtpersonalen Geistes auf eine personale Identität hinzudeuten: So wie sich der Geist der Erzählung bei Mann in Mönch Clemens ›zusammenzieht‹, so wird er bei Augustin von der Gestalt des Privatdetektivs Hawk Steen ›verkörpert‹ – ein eigenwilliger Akt der Ich-Werdung also.

Ein recht grundlegender Unterschied der beiden Konzeptionen sei hier allerdings nicht verschwiegen: Während bei Augustin der Erzählergeist und der Erzähler in eins fallen, bildet Manns Geist der Erzählung als etwas Übersprachliches keine Identität mit dem erzählenden Mönch Clemens, sondern bedient sich vielmehr seiner als eine Art Sprachrohr. Und außerdem: Wo bei Mann umfänglich erläutert wird, was es mit dem Erzählergeist auf sich haben soll, befindet sich der Leser bei Augustin schon mitten in der Handlung. Was erklärungsbedürftig wäre und bei Mann durchaus breiten Raum einnimmt, wird bei Augustin nur kurz angedeutet und sodann fast hastig ins Erzählen überführt (umso ertragreicher ist daher die gleichsam ergänzende Lektüre des »Erwählten«).

Mönch Clemens' expliziter Hinweis auf die Bewahrung einer gewissen »Abstraktheit« des Erzählers noch im Zustand seiner Verkörperung ist in diesem Zusammenhang wichtig; nur durch sie wird ihm gewährleistet, sich vollständig frei durch alle Welten und sämtliche Zeiten bewegen zu können. Entsprechend wird die Frage nach dem konkreten ›Wo‹ und ›Wann‹ ihres Erzählaktes sowohl von Clemens (»da gibt es überhaupt nichts zu wissen«)[9] als auch von Hawk (»wo und auf welcher vertrackten Zeitspur ich nun wirklich laufe, darüber bin ich mir selber nicht ganz im klaren«) mit Entschiedenheit zurückgewiesen, wodurch ihnen als Erzählern das Merkmal einer vollkommenen lokalen und temporalen Flexibilität zugeschrieben wird.

Wie sich dies in »Der amerikanische Traum« konkret äußert, zeigt sich bereits auf der zeitlichen und räumlichen Makrostruktur der Erzählung: *Handlungsort 1* ist jene Feld- und Seenlandschaft in der Nähe von Schwerin; *Handlungszeit 1* ist der Sommer 1944. *Handlungsort 2* ist zunächst die Potter Street in irgendeiner nordamerikanischen Stadt, dann das schäbige Miami mit seiner sumpfigen Umgebung, und schließlich gehören verschiedene Städte sowie die tropischen Wälder, die Flüsse, Lagunen und Sümpfe Costa Ricas dazu; über die *Handlungszeit 2* erfahren wir hingegen wenig, wahrscheinlich handelt es sich um einen mehrmonatigen Zeitraum einige Jahre oder sogar Jahrzehnte nach dem todbringenden Fliegerangriff. Am Ende der Erzählung wechselt Hawk vom *Handlungsort 2* und aus der *Handlungszeit 2* zurück zum *Handlungsort 1* und in die *Handlungszeit 1* – der Junge liegt weiterhin im Sterben, offenbar sind zwischenzeitlich nur wenige Augenblicke vergangen, wie der Leser erfährt (hierzu später Eingehenderes).

Man mag sich angesichts dieser poetischen Konstellation an Arno Schmidts Modell der Dichtung als ›längeres Gedankenspiel‹ erinnert fühlen, das in ähnlicher Weise durch einen erzählerischen Sprung zwischen »objektiver Realität« – einer ›Erlebnisebene 1‹ – und einer »subjektiven Realität« – einer ›Erlebnisebene 2‹ – kennzeichnet ist, wodurch gewissermaßen eine »doppelte Handlung« erzeugt wird.[10] Schmidt verdichtet dieses poetische Prinzip gar zu einer Formel: LG = E I + E II.[11] Aber auch ohne Augustins Erzählverfahren dergestalt zu formalisieren, wird ersichtlich, dass der talentierte Erzähler Hawk Steen tatsächlich dazu in der Lage ist, auf »vertrackte« Weise zwischen den »Zeitspur(en)« zu wechseln, und zwar in sämtliche Richtungen: aus der Erzählgegenwart in die Zukunft – und am Ende auch wieder zurück.

2 Verlebendigung

Nicht mehr gedeckt durch die mutmaßlich bewusste Anlehnung an Thomas Manns »Der Erwählte« ist der Ursprung, der Grund und Anlass, den Hawk für seinen Erzählakt benennt – nämlich jener kleine, kümmerlich im Sterben liegende Junge. In ihm liegt Hawks »Geheimnis«, das dieser nun schließlich doch aufzuklären bereit ist: Der Junge habe ihm seine »Inbrunst« und »Leidenschaft« gegeben, er sei »so sehr am Leben«, weil er ihn »so lebendig« gemacht habe (AT 24).

Die bei Mann eher spielerisch-ironisch angelegte Erzählerkonstruktion wird bei Augustin im Sinne einer existenziell anmutenden Poetik ausgelegt und ausgebaut: Das emphatische Lesen, ja die ›Liebe‹ (AT 20, 21) zu einem Romanhelden, vermag als eine Art energetischer Impuls zu wirken, der einen Prozess der Verlebendigung in Gang setzt, sodass aus der bewunderten Romanfigur Hawk Steen der Ich-Erzähler Hawk Steen wird. Dieser vom Jungen verlebendigte Ich-Erzähler kann nun vollkommen selbständig handeln und von seinen Abenteuern berichten, und zwar – wie gesagt – befreit von allen zeitlichen und räumlichen Zwängen. »(J)a das gibt es« (AT 24), so beteuert Hawk seine Eigenständigkeit. Im »Erwählten« heißt es analog über die autonome Handlungsmacht des in Mönch Clemens verkörperten Erzählgeistes: »Allerdings, das vermag er.«[12]

Aber ganz so glatt geht Augustins vielschichtige Erzählerkonstruktion vielleicht doch nicht auf. Streckenweise gewinnt man nämlich den Eindruck, die Identitäten Hawks und des kleinen Jungen verschwömmen miteinander; im Detail: Wenn sich Hawk seiner Kindheit zu entsinnen versucht, treten unversehens detaillierte Bilder aus der mecklenburgischen Lebenswelt des nun sterbenden Jungen in seine Imagination, gerade so, als handelte es sich um seine – also Hawks – eigene Kindheit: »das Gras zwischen den Pflastersteinen, die Anhöhe, auf die die Straße hinauflief, und oben der Kaufmannsladen, wo es diese Tonnen mit Heringen und Sauerkraut gab« (AT 234). Umgekehrt wird an einer Stelle gesagt, der kleine Junge habe die Gewissheit, irgendwann »dieser Mann« (AT 21) zu sein, der »in Hut und Mantel mit hochgeschlagenem Kragen (…) in eine Welt nächtlicher Lichtreklame hineinwandert« (AT 21). An anderer Stelle erklärt Hawk seine kindliche Unbeholfenheit gegenüber Frauen mit seiner mangelnden Lektüreerfahrung und bezieht sich dabei ausdrücklich auf die Imaginationsfähigkeit des kleinen Jungen; insbesondere in Anwesenheit von »Snakewoman«, zwischen deren mächtigen Schenkeln er eines morgens erwacht, fühle er sich »unbehaglich«, weil er zwar »Schrecken der Unterwelt« und »Stadt ohne Gnade«, aber eben nicht »Venus im Pelz« gelesen habe, »denn die stand irgendwo auf einem ganz oberen Regal, wo man nicht hinkommt« (AT 91). Was der Junge nie gelesen, geschweige denn selbst erfahren hat, das kann Hawk ebenfalls nicht wissen – auf diese Weise werden die Figur des Jungen und der Erzähler Hawk erneut miteinander kurzgeschlossen.

Und trotzdem: Es wäre verfehlt, von diesen eher vereinzelten Äußerungen auf eine personale Identität der beiden zu schließen; der Roman legt sich in dieser Hinsicht gerade nicht fest, sondern ergeht sich in eher unscharfen Andeutungen. Vielmehr scheint es sich so zu verhalten, dass Hawk einige biografische Spurenelemente seines kindlichen Schöpfers in sich trägt, die bisweilen unwillkürlich in sein Bewusstsein drängen – und ihm zudem selbst nicht ganz geheuer scheinen: »Vergangenheit ist ein fremdes Land hinter einer Krümmung, und nicht ganz glaubwürdig« (AT 235), so kommentiert er seine vermutlich trügerischen Erinnerungen an ›seine‹ Kindheit.

Die postulierte Eigenständigkeit des Erzählers hingegen reicht weit, sie ist im Sinne einer erzählerischen Allmacht ausgestaltet, die eng gebunden ist an das genannte Merkmal der örtlichen und zeitlichen Unabhängigkeit. In »Der Erwählte« wird auch dies bereits in den ersten Zeilen des Erzählerprologs deutlich: Obwohl in den Kirchtürmen Roms nirgendwo ein Glöckner zu finden sei, obwohl die Seile der Glocken schlaff hängen, »wogen die Glocken, dröhnen die Klöppel« – und dies geschieht einzig und allein durch den gottgleichen Willen des Erzählergeistes: »Er ist es, der spricht: ›Alle Glocken läuten‹, und folglich ist er’s, der sie läutet.«[13]

Bei Augustin deutet sich eine solche Erzählerallmacht ebenfalls bereits auf den ersten Seiten an, und zwar im Rahmen der beschriebenen Intervention: »So geht das doch nicht. Ich bin aufgestanden und habe die Hand gehoben« (AT 24). Was der Erzähler über dieses Einschreiten hinaus für ungeheure Fähigkeiten besitzt, lässt sich erst vom Romanende her wirklich ermessen, an dem wir mit Hawk an den Ort des Fliegerangriffs zurückkehren; fast nichts hat sich hier, am Ort des Schreckens, verändert: »Das Rad drehte sich noch, das Gras wehte noch immer langsam, und der Sonneneinfall, also der Schatten, der von diesem bestimmt wird, war auch nur ganz wenig weitergewandert, nur so einen Fingerbreit weiter. Was ist Zeit, zwei Sekunden, drei Sekunden, ein ganzes Leben: Es ist gewesen, das ist Zeit.« (AT 268)

Deutlich wird in dieser Passage, dass das Verhältnis von erzählter Zeit und Erzählzeit in Augustins Roman aufs Extremste auseinandertritt: Die vom Erzähler Hawk präsentierte Geschichte erstreckt sich über die Dauer von mindestens einigen Wochen oder sogar Monaten (genaue Zeitangaben fehlen), während in der Welt des kleinen Jungen gerade zwei, drei Sekunden vergangen sind.

Ein Vorbild hat diese zeitliche Konstellation in Augustins eigenem Romanwerk, ja es ist in dessen Grundstein eingesenkt: Schon die Handlung seines Debüts »Der Kopf« (1962) ist angelegt in einem einzigen Lidschlag, in der äußerst kurzen Zeitstrecke, die ein Stein benötigt, um aus dem fünften Stock eines Hauses zwischen die Augen eines auf der Straße befindlichen Passanten zu fallen. Aber auch der Blick in die moderne Literaturgeschichte offenbart einen berühmten Präzedenzfall für dieses Erzählverfahren, nämlich Ambrose Bierces Kurzgeschichte »An Occurrence at Owl Creek Bridge« (1891): In den wenigen Augenblicken bis zu seiner Exekution imaginiert der Protagonist eine überraschende Rettung und waghalsige Flucht, die eine Dauer von ungefähr 24 Stunden umfasst. Im Bereich der internationalen Kinder- und Jugendliteratur mag sich der Leser an Maurice Sendaks Klassiker »Where The Wild Things Are« (1963) erinnert fühlen: Hier stellt sich am Ende der Geschichte heraus, dass die Reise des kleinen Max zu den ›wilden Kerlen‹, die in der Phantasie des Jungen mehr als zwei Jahre in Anspruch nimmt, tatsächlich nur einige Minuten gedauert haben kann: Zu Beginn der Geschichte schickt die Mutter den ungehorsamen Jungen »to bed without eating anything«; später aber, unmittelbar nach seiner Rückkehr aus dem Reich der Imagination, »he found his supper waiting for him – and it was still hot«.[14]

In keinem der genannten Vorbildfälle ist die narrative Dehnung des Augenblicks allerdings in ein ähnlich komplexes Erzählarrangement eingebettet wie hier; auch finden wir weder in »Der Kopf« noch in Bierces Kurz- oder Sendaks Kindergeschichte einen vergleichbar machtvollen Erzähler. Denn darin besteht gerade die Pointe von Augustins Amerika-Roman: Für den omnipotenten Erzählgeist Hawk ist das Raum-Zeit-Kontinuum eine beliebig dehnbare Struktur, deren vermeintlich natürliche Logik er mit einem lässigen Handstreich auszuheben vermag.

Angelegt ist in dieser Erzählkonzeption eine nicht geringe Dichtungsemphase, die in den Kern des hier realisierten poetologischen Konzepts führt: »Die Literatur kann sich über das Schicksal hinwegsetzen«, so resümiert Lutz Hagedorn die entscheidende Quintessenz des Romans, »und noch im

Tode ein ganzes Leben erschaffen.«[15] Diese Poetik allerdings wird erst durch die Hervorbringung einer – an Manns »Der Erwählte« geschulten – Erzählerfigur umsetzbar, die in der Lage ist, die Regeln der räumlichen und zeitlichen Koordinaten vollständig in ihrem Sinne zu transzendieren. Die uneingeschränkten Fähigkeiten, die Robert Gernhardt dem Gedicht zubilligt, zeigen sich hier in einem Roman: ›Was ein Erzähler alles kann: Alles.‹[16]

3 Versöhnung

Die Frage, auf welche Art von Literatur sich Augustin in und mit seinem Roman explizit und implizit bezieht, ist alles andere als nebensächlich. Die Beantwortung dieser Frage offenbart vielmehr eine weitere wesentliche Facette seines poetologischen Konzepts – und ermöglicht zudem eine lose kultur- und literaturgeschichtliche Einordnung.

Am offensichtlichsten ist in Augustins Roman der Bezug auf die Genre-Literatur, das sollte aus dem Bisherigen deutlich geworden sein – und dies zunächst auf der schlichten Handlungsebene: Der kleine Junge entdeckt in »Mordgeschichten« wie »Der Mann mit dem Koffer«, »Tod im Bristol-Expreß«, »Die indische Maske« und »Haus mit den sieben Schlössern« (AT 19) eine Gegenwelt zur grauen Alltagsrealität des Kriegs, ja bisweilen erscheint ihm diese Gegenwelt sogar ›realer‹ als die sich ihm darbietende Gegenwart: »Da saß er und bereitete sich auf das Leben vor. Auf das wirkliche Leben hinter dieser Straße, hinter dem Brunnen mit dem Soldaten, der jetzt sein Gepäck aufnahm und einen prüfenden Blick um sich warf. Die Wirklichkeit, die war nicht hier, die lag in einem fernen, heißen, gründämmrigen Horizont, wo er sich geschmeidig von Baum zu Baum bewegte, mit dem Unterholz verschmolz, durch lebende Schatten glitt, bewehrt mit seinem Willen, seinen bloßen Händen« (AT 248).

Das Leben müsse mehr bereithalten als nur das langweilige Schwerin, den Brunnen, die Soldaten – mit dieser Erwartung schlägt der Junge seine Bücher auf, und er findet in ihnen mannigfache Bestätigung. Der titelgebende ›amerikanische Traum‹ des Kindes steht insofern für die kindliche Imagination einer ›besseren Welt‹, die für es eine kompensatorische Funktion erfüllt – dies in loser Anlehnung an das poetologische Konzept Sigmund Freuds, der ähnlich die phantasierende Tätigkeit des Dichters wie das Spiel des Kindes als Korrekturen einer unbefriedigenden Wirklichkeit begreift.[17] Ausgehend von dieser Literaturauffassung lässt sich die Grobstruktur der Handlung folgendermaßen umreißen: Der ›amerikanische Traum‹ des Jungen wird zunächst durch »die graugrüne aus einer andern (besseren) Welt auftauchende Maschine« (AT 22) enttäuscht und zerstört, um dann im weiteren Handlungsverlauf durch Hawk und sein energisches

Vorgehen gegen die drei Soldaten – im Rahmen der noch verbleibenden kurzen Lebenszeit des Kindes – wiederhergestellt zu werden.

Einzig entscheidend für die Qualität aller Dichtung ist in dieser Logik, ob sie der kindlichen Bedürfnisbefriedigung dient, der imaginären Flucht aus einer als defizitär empfundenen Lebenswirklichkeit also; in dieser Hinsicht, so wird betont, ist der kleine Junge »durchaus in der Lage, mindere Qualität zu erkennen« (AT 21). Bewertungskriterien des ›bürgerlichen Kanons‹ spielen in Bezug auf diese Lektürepraxis hingegen keinerlei Rolle.

Vor diesem Hintergrund erscheint es umso auffälliger, dass Augustin mit der auf Erzählerebene angelegten Anspielung auf Thomas Manns Roman ausgerechnet das Werk eines modernen Klassikers und bürgerlichen Dichters par excellence in seine Konzeption miteinbezieht. Genau darin aber scheint mir eine entscheidende Pointe dieses Buches zu liegen: Indem Augustin die Bezugnahmen auf den »Erwählten« sowie auf die häufig als ›billig‹[18] erachtete Genre-Literatur strukturell miteinander verknüpft, ja sie gewissermaßen miteinander versöhnt, überschreitet er die Grenze zwischen Lowbrow und Highbrow – und setzt damit die mittlerweile zum Schlagwort geronnenen Forderungen der internationalen Postmoderne-Diskussion poetisch ins Werk: »Cross the Border – Close the Gap«. Aus Mönch Clemens, der eine durch und durch abendländische Geschichte von »Sündhaftigkeit« und »Erwähltheit« erzählt,[19] der seinerseits tausende Jahre europäische Literatur- und Kulturgeschichte in sich trägt,[20] wird bei Augustin der smarte Detektiv Hawk Steen mit seiner im besten Sinne amerikanischen Story über eine rasante Jagd nach drei gerissenen Ganoven – was für eine grelle Transformation!

Diese poetische Schließung der »Kluft zwischen Kunst und Kolportage«,[21] die im Hinblick auf die Adaptation des Picaro-Romans in »Mamma« (1970, überarbeitete Neuauflage 2007 als »Schönes Abendland«), der Legende in »Mahmud der Schlächter oder Der feine Weg« (1992, unveränderte Neuausgabe 2003 als »Mahmud der Bastard«) oder der Robinsonade in »Robinsons blaues Haus« (2012) weiterführend zu untersuchen wäre, rückt Ernst Augustin in die Nähe eines Autors wie Georg Klein, zu dessen poetischen Strategien der ästhetisch avancierte Umgang mit populären Genres gehört, vom Detektivroman in »Libidissi« (1998) über die Horrorgeschichte in »Die Sonne scheint uns« (2004) bis zur Science-Fiction-Story in »Die Zukunft des Mars« (2013).[22] Und sie trennt ihn von jenen, die unter dem Begriff der Postmoderne ein ausschließlich ästhetisches Phänomen verstehen, das in eine bisweilen elitär-hermetische und darin tendenziell geschlossene Poetik mündet.

Demgegenüber eignet dem ›amerikanischen Traum‹ – passend zu seinem Titel – ein fast schon utopischer Gehalt, wie er für unsere ›postmoderne Moderne‹[23] mit ihrer Tendenz zur Offenheit und Vielheit charakteristisch ist oder doch sein sollte: der Glaube an die Überwindung der Engstirnigkeit.

1 Die Eingangspassage beruht in Teilen auf meinem in der Reihe »Unsere liebsten Roman-helden« in der »Frankfurter Allgemeinen Zeitung« erschienenen kurzen Artikel, vgl. Kai Sina: »Hawk Steen. Ernst Augustin hat mit seinem kleinen Helden eine der rührendsten Romanfiguren überhaupt geschaffen«, in: »Frankfurter Allgemeine Zeitung«, 4.4.2014. Für anregende Hinweise zu dieser Analyse danke ich Lutz Hagestedt. — **2** Ernst Augustin: »Der amerikanische Traum. Roman«, München 2009, S. 13. Im Folgenden wird der Roman im Text zitiert mit der Sigle »AT« und der jeweiligen Seitenzahl. — **3** Vgl. dazu Tilmann Köppe / Tom Kindt: »Erzähltheorie. Eine Einführung«, Stuttgart 2014, S. 177 f. — **4** Tho-mas Anz: »Reise in die Wildnis der Seele. Ernst Augustins Roman über die Abenteuer des Lesens«, in: »Frankfurter Allgemeine Zeitung«, 19.4.1989. — **5** Dabei bezieht sich Augustin allerdings in erster Linie auf den »Joseph«; in einem Gespräch stellt Augustin dazu fest: »Mein leidenschaftlich geliebtes Werk ist der ›Joseph‹ von Thomas Mann. Den liebe ich nun wirklich, und zwar gerade, weil er eigentlich nicht lesbar ist, er ist so lang und so ungeheuer-lich … Jedes mal (sic!) wenn ich anfange – ich lese das Ding zu Ende! Das ist eigentlich das, was ich immer angestrebt habe und nie schaffe: richtig erzählen, eine große, breite Erzäh-lung. Und zwar etwas so zu erzählen, dass man genau weiß, was da passiert – und trotzdem fasziniert ist.« Matthias Kußmann: »Protest gegen den Tod. Ernst Augustin zum 80. Geburts-tag«, in: www.deutschlandfunk.de / protest-gegen-den-tod.700.de.html?dram:article_ id=83342, aufgerufen am 19.11.2014. — **6** Vgl. hierzu zuletzt Dirk Werle: »Thomas Manns Erwählter und die Erzähltheorie der 1950er Jahre«, in: Euphorion 106 (2012), S. 439–464. — **7** Thomas Mann: »Der Erwählte. Roman«, Frankfurt / M. 1960 (Gesammelte Werke, Bd. VII), S. 10. Hervorhebung im Original. — **8** Ebd., S. 10 und S. 13. — **9** Ebd., S. 14. — **10** Arno Schmidt: »Berechnungen II«, in: Ders.: »Essays und Aufsätze 1«, Zürich 1995 (Bargfelder Ausgabe, Bd. III, 3), S. 275–284, hier S. 276. — **11** Ebd., S. 276. — **12** Mann: »Der Erwählte«, a.a.O., S. 10. — **13** Ebd. — **14** Maurice Sendak: »Where The Wild Things Are. Fiftieth Anniversary Edition«, New York 2012, o. S. — **15** Lutz Hagestedt: »Der amerikanische Traum«, in: Heinz Ludwig Arnold (Hg.): »Kindlers Literatur Lexikon«. 3., völlig neu bearbeitete Aufl., Stuttgart, Weimar 2009, S. 703 f., hier S. 703. — **16** Vgl. hier Robert Gernhardt: »Was das Gedicht alles kann: Alles. Texte zur Poetik«, Frankfurt / M. 2012. — **17** Einschlägig hierfür ist Sigmund Freud: »Der Dichter und das Phantasieren«, in: Ders.: »Bildende Kunst und Literatur«, Frankfurt / M. 1969 (Studienausgabe, Bd. X), S. 169–179. — **18** Baumgart aktualisiert die vom Roman selbst gerade unterlaufene Grenz-ziehung von sogenannter E- und U-Literatur, wenn er bemerkt, die Geschichte Hawks sei von Romanen Karl Mays, Joseph Conrads und Dashiell Hammetts inspiriert – sowie von ihren »billigeren Nachfolgern«. Reinhart Baumgart: »Das Leben – ein Traum. Ernst Augus-tin: ›Der amerikanische Traum‹«, in: Ders.: »Deutsche Literatur der Gegenwart. Kritiken – Essays – Kommentare«, München, Wien 1994, S. 445–448, hier S. 446. — **19** Mann: »Der Erwählte«, a.a.O., S. 260. — **20** Mann bezieht sich nicht allein auf Hartmanns von Aue »Gregorius«, sondern daneben auf die »Gesta Romanorum«, auf das »Nibelungenlied« und den »Parzival« wie auch Hans Pfitzners musikalische Legende »Palestrina« und Sigmund Freuds »Totem und Tabu« – und diese Liste ließe sich noch weiterführen. Vgl. Helmut Koopmann: [Art.] »Der Erwählte«, in: Ders. (Hg.): »Thomas-Mann-Handbuch«. Unge-kürzte Ausgabe der 3., aktualisierten Aufl., Frankfurt / M. 2005, S. 498–515, zu den Stoffen und Quellen Manns insbes. S. 499–505. — **21** Anz: »Reise in die Wildnis der Seele«, a.a.O. — **22** Vgl. dazu meinen Aufsatz »›Zwielichtiges, halbseidene Sachen‹. Georg Kleins poetologische Texte und Strategien«, in: Christoph Jürgensen / Tom Kindt (Hg.): »›Wie in luzidem Schlaf‹. Zum Werk Georg Kleins«, Berlin 2013, S. 27–41. — **23** Vgl. zu der hier nur angedeuteten Lesart der Postmoderne Wolfgang Welsch: »Unsere postmoderne Moderne«, Berlin 2008.

Hans-Peter Ecker

»Blut, Blut, Fleisch und Fett, und der Geruch der Unterwelt« – aber auch die Gerechtigkeit kommt nicht zu kurz!
Ernst Augustins Roman »Mahmud der Schlächter oder Der feine Weg«

Der historische Stoff

1992 veröffentlichte Ernst Augustin einen Roman, dessen Titelfigur historisch belegt ist und eine wichtige Rolle in der mittelalterlichen Geschichte Persiens, Afghanistans und Indiens spielt.[1] Mahmud von Ghazni, 971 bis 1030, errichtete um die Wende vom ersten zum zweiten nachchristlichen Jahrtausend ein islamisches Großreich mit Regierungssitz in der zentralafghanischen Stadt Ghazna / Ghazni.[2] Nach Meinung vieler Historiker muss man in ihm eine der bedeutendsten Herrschergestalten der Weltgeschichte sehen. Jedenfalls war er schon zu Beginn seiner Karriere als Heerführer und Eroberer nicht jener naive ›Bauernlümmel‹, als den ihn Augustin darstellt.[3] Sein Vater Sebüktigin stammte zwar aus einer türkischstämmigen Militärsklaven-Familie, war aber bereits in den Rang eines Vasallenfürsten und Statthalters im Dienste der Samaniden-Dynastie[4] aufgestiegen, seine Mutter war keine rechtlose Frau der Unterschicht wie in Augustins Roman, sondern eine persische Adlige aus Zabulistan.[5] Nach dem Tode des Vaters setzte sich Mahmud gegen seinen Bruder Ismail durch, den der Vater zum Nachfolger auserkoren hatte. Nur wenige Monate später lieferte er dann den Beweis, dass er zu Recht auf dem Thron der Ghaznawiden saß. Bereits 999 nutzte er die offenkundige Schwäche der Samaniden-Emire von Buchara, um sich von deren Oberherrschaft zu befreien und dem eigenen Reich erhebliche Teile ihres Landes einzuverleiben. Militärisch-strategische Erfahrungen hatte er als Begleiter mehrerer Feldzüge seines Vaters schon zuvor reichlich gesammelt. Sein Heer bestand aus bestens trainierten Militärsklaven meist türkischer oder kaukasischer Stammeszugehörigkeit (sogenannten Mamluken), Reitern und Bogenschützen, deren Schlagkraft in der damaligen islamischen Welt ihresgleichen nicht kannte.[6] Mamluken-Armeen waren bereits von den Abbasiden-Kalifen im 8. und 9. Jahrhundert zu einem mächtigen, gleichwohl gefährlich ambivalenten Herrschaftsinstrument entwickelt worden, sollten sie im Verlauf der Geschichte doch wiederholt in die Politik ihrer Herren eingreifen, diese stürzen und eigene

Generäle auf den Thron setzen. In den späteren Jahren seiner Herrschaft beschäftigte Mahmud übrigens auch größere indische Söldnerkontingente.

Mahmud von Ghazni führte im Laufe seines Lebens zahlreiche Feldzüge, die neben der Sicherung und Ausweitung der Grenzen seines Reiches auch der Ausbreitung des (sunnitischen) Islam dienten.[7] In der Hauptsache waren seine kriegerischen Unternehmungen, speziell die gegen Städte und Tempelanlagen auf dem indischen Subkontinent geführten, aber doch primär auf Beute ausgerichtet.[8] So verbrachte Mahmud fast sein gesamtes Leben ›im Felde‹. Seine Kriege führten ihn nach Chorasan[9] und Transoxanien,[10] in den Norden Indiens sowie in die durch interne Kämpfe der lokalen Fürsten geschwächten[11] heutigen Grenzgebiete zwischen Indien, Pakistan und Afghanistan. Dabei fanden seine Züge nach Osten die größere Aufmerksamkeit der Historiker, waren sie doch seine militärisch spektakulärsten und zugleich ertragreichsten Aktionen. Allein die Zerstörung des bedeutenden Shiva-Heiligtums in Somnath an der Westküste der indischen Region Gujarat brachte ihm neben dem Beifall in der islamischen Welt sechseinhalb Tonnen Gold ein.[12] Außerdem beginnt, zumindest nach der Meinung einiger Fachgelehrter, erst mit seiner Inbesitznahme der Provinz Hindustan die Geschichte des Islam auf dem Subkontinent.[13] Meines Wissens hat Mahmud zeit seines Lebens keine einzige größere Schlacht verloren.

So positiv Mahmud in der islamischen Geschichtsschreibung als Feldherr, Staatengründer, Streiter für die reine Lehre,[14] gerechter Herrscher[15] und Mäzen bewertet wird, so verheerend stellt sich sein Bild in der historischen Überlieferung Indiens dar.[16] Immerhin fiel er nicht weniger als 17 Mal in Nordindien ein, wobei er immer auf ähnliche Weise vorging. Er brach zu Beginn der Trockenzeit auf, schlug seine Schlachten, plünderte Städte und Tempelbezirke, um noch rechtzeitig vor dem nächsten Monsun mit reicher Beute über die Flüsse des Punjab nach Hause zu kommen. In 25 Jahren zermürbte er so den Widerstand der Hindu-Shahis, deren Reich sich beiderseits des Hindukusch ausdehnte. Nach deren völliger Auslöschung vernichtete er das vormals stattliche, nunmehr aber schutzlose Gurjara-Pratihara-Reich von Kannauj und plünderte die weiter im Osten bzw. Süden angesiedelten Herrschaften der Chandella (bzw. Chandratreyas) in Bundelkhand (heute Region der indischen Bundesstaaten Uttar Pradesh und Madhya Pradesh) und Rajputen von Gwalior.[17]

Die Chandella hatten über die Jahre hinweg ein politisches Ränkespiel gegen ihre Herren, die in Kannauj regierenden Pratihara-Könige, betrieben, denen sie lange formell als Vasallen dienten, dabei aber die eigene Macht Schritt für Schritt ausbauten. Der Nachwelt hinterließen sie die als Weltkulturerbe und beliebtes Touristenziel bekannte, mit erotischen Darstellungen aus dem 10. bis 12. Jahrhundert ausgeschmückte Tempelanlage von Khajuraho, die Augustin zu einigen Szenen seines Romans inspiriert haben dürfte. Den Vorstoß Mahmuds in ihre Ländereien begünstigten die Chandella-Fürsten Ganda und dessen Sohn Vidyadhara sowohl durch die Ermordung des regierenden Pratihara-Königs als auch durch ihre Hingabe an erotische Mysterien und die so bedingte Vernachlässigung der eigenen Regierungsgeschäfte.[18] Quasi im Vorübergehen erledigte Mahmud den muslimischen König von Multan[19] im heutigen Pakistan, der seine Raubzüge behinderte.[20]

Dass Mahmuds Groß- bzw. Untaten viele Menschen zum Opfer fielen, versteht sich. Er zerstörte und beraubte systematisch die heiligen Tempelstädte Nordindiens. Bei der oben erwähnten Plünderung der herausragenden Anlage von Somnath sollen nach den Berichten zeitgenössischer Chronisten 50 000 Hindus ihr Leben gelassen haben. Mahmud verlor bei diesem Feldzug übrigens auch fast sein ganzes eigenes Heer beim Rückzug über eine gefährliche Wüstenroute.[21] Vor diesem Hintergrund ist es verständlich, dass Ernst Augustin die erste Ausgabe seines Mahmud-Romans mit dem Titel »Mahmud der Schlächter« überschrieben hat. Allerdings legt er die weitgehend fiktive Biografie seines Helden überraschenderweise dann doch so an, dass ihm der historische Kriegsherr im Verlauf seiner Geschichte zum ›Helden‹ und Sympathieträger gerät, nicht zuletzt deshalb, weil sein ›hochnobler‹ Gegenspieler, auf den der zweite Titelhalbsatz (»… oder Der feine Weg«) gemünzt ist, der nach moralischen und psychologischen Maßstäben perversere Charakter ist.

Der Erzähler

Die ungeheuren Erträge seiner Kriegszüge investierte der historische Mahmud in sein Heer, dessen Kampfkraft und Loyalität erhalten werden mussten,[22] in den glanzvollen Ausbau seiner Hauptstadt, aber auch in Infrastruktur und Wirtschaft seines Kernlandes. An seinem Hof versammelte er zahlreiche Künstler und Gelehrte ersten Ranges. Namentlich erwähnt werden immer wieder der Verfasser des persischen Nationalepos Firdausi, der elegante Hofdichter Abu l-Hasan Ali ibn Dschulugh Farruchi Sistani sowie der große Gelehrte al-Biruni, der die wichtigste Abhandlung eines Ausländers über Indien vor Beginn der europäischen Kolonialisierung geschrieben hat. Allerdings soll in diesem Zusammenhang nicht verschwiegen werden, dass gerade Firdausi und Mahmud nicht so recht glücklich miteinander wurden.[23] Der Legende nach versuchte Mahmud, den Dichter um seinen Lohn zu prellen, indem er ihm das vereinbarte fürstliche Honorar von einem Goldstück pro Zeile nur in Silber auszahlte. Firdausi habe diese Gabe demonstrativ verschenkt und Ghazni verlassen.[24] Der wahre Kern der Geschichte dürfte darin zu sehen sein, dass zu dieser Zeit Mahmud in seinen Legitimationsbestrebungen weniger an einer Anbindung an die altiranische Königstradition interessiert war als an der Anerkennung durch den Kalifen in Bagdad und den von diesem repräsentierten Islam, als dessen schützende Hand er sich gerne inszenierte. Spekulationen darüber, ob der fiktive Erzähler des »Mahmud«-Romans der ›Geist‹ oder wenigstens ein postmoderner Nachfahre Firdausis sein könnte, würden den problematischen Charakter der historischen Konstellation zwischen Herrscher und Dichter ignorieren.

Aber auch als Panegyriker vom Schlage eines Farruchi können wir uns den Erzähler des Augustin-Romans nur ausgesprochen schlecht vorstellen. Wie dürfen wir diese Erzählung also, um für unsere Analyse eine heuristische Anfangsthese zu finden, als Textsorte einordnen? Es scheint mir ein praktikabler Ansatz zu sein, sie irgendwo zwischen den frühen historisch-poetischen Quellenschriften der persischen Hofdichter am Ghaznawidenhof – die, kompliziert genug, sich selbst bereits sehr differenziert, nämlich als Historiker (Firdausi), Poeten (Farruchi) bzw. Dichter-Chronisten (Abu l-Qasim Hasan ibn Ahmad Unsuri) inszeniert haben[25] – und postmodernen historischen Romanen zu verorten. Wobei der Gattungsbegriff des ›historischen Romans‹ eigentlich schon wieder mehr Probleme aufwirft, als dass er uns wirklich weiterbringt. Denn so populär dieses Genre nach wie vor beim Publikum ist, so schlecht ist sein Ruf bei Autoren, die etwas auf sich halten. Schließlich verkörpert es für seine Kritiker als Bastard zwischen Geschichte und Literatur einerseits, als ›Kostümschinken‹ andererseits das Triviale, ja das ästhetisch Böse schlechthin.[26] Für Ernst Augustins »Mahmud«-Roman, der die sinnlichen Reize seines mittelalterlich-orientalischen Sujets durchaus in Szene setzt und so dem Kostümschinken-Vorwurf manche Angriffsfläche bietet, macht es die Sache auf den ersten Blick auch nicht besser, dass in ihm – durchaus zu Lasten der historischen Wahrscheinlichkeit – das Konzept der ›poetischen Gerechtigkeit‹, das auf Belohnung der Tugend und Bestrafung des Lasters drängt, eine wichtige Rolle spielt; denn seit der Aufklärungsliteratur, die sich gewissermaßen Gottes Richteramt anmaßte, hat das Renommee besagten Prinzips doch arg gelitten, sodass es spätestens seit dem fortgeschrittenen 19. Jahrhundert als weiteres Indiz für literarische Trivialität fungiert.[27]

Dass Augustins Roman in den Untiefen des historischen Romans und der poetischen Gerechtigkeit schließlich doch nicht kentert, verdankt er in erster Linie seinem überaus gerissenen Erzähler, der – als ›Trickster‹ par excellence – über viele Existenz- und Erscheinungsformen und noch mehr ›Töne‹ verfügt. Er versteckt sich mitnichten, permanent zeigt er sich dem Leser vermittels kleiner Regiebemerkungen, expliziter Wertungen, metanarrativer Erklärungen und oberlehrerhafter Erläuterungen exotischer Details, an manchen Stellen auch durch Kundgabe seiner Intentionen, Quellen und poetischen Nöte über längere Passagen hinweg. Allein so richtig zu fassen bekommt man diesen chamäleonartig-hochironischen Erzähler, der einerseits Augenzeuge bei den meisten der erzählten Ereignisse gewesen sein will (vgl. etwa M 13, 59, 121 oder 172), andererseits aber auch davon spricht, die Schauplätze im 20. Jahrhundert bereist zu haben, nie, zumal er jederzeit zu Späßen aufgelegt ist, feineren, aber auch solchen derberer Art, und es ihm dabei gleich ist, ob er sie mit den Figuren seiner Geschichte treibt oder mit seinen Lesern. Ich jedenfalls glaube diesem Erzähler (fast) nichts, am wenigsten das Geständnis, dass sich die Hauptfiguren seiner Kontrolle entzogen und damit begonnen hätten, ein Eigenleben zu führen, wodurch die eine (Mahmud, eigentlich ›der Schlächter‹) immer sympathischer wirke und sein Antagonist am Ende »etwas ungut geraten« sei, »nicht so fein bläulich, wie beabsichtigt« (M 172). Das Fazit des Erzählers, der seinen – selbstverständlich ganz und gar nicht realistischen – ›Plot‹ von vorn bis hinten perfekt durchgeplant hat, wovon die intensiven Motiv-Verknüpfungen ein beredtes Zeugnis ablegen, zitiert ironisch jenen Topos literarischen Schreibens, dem zufolge der Autor bzw. Erzähler nicht mehr als ein Medium der Geschichte sei: »Die Wirklichkeit, so scheint es, ist am Ende stärker als alle guten Vorsätze« (M 172).

Zu den Registern, die dieser Erzähler ziehen kann, zählt unter anderem der Wechsel ins Genre der drastischen Groteske in der Tradition eines Rabelais, Fischart oder auch jungen Günter Grass. Diesen Ton gebraucht Augustin bzw. seine Erzählerfigur häufig bei der Schilderung von Situationen der Nahrungsaufnahme, so etwa schon beim Stillen der potenziellen Thronerben im zweiten Kapitel des Ersten Buchs (M 29–31, später etwa M 225 f.), aber auch von Festivitäten (»Man sah die beiden Freunde um die Wette in einen Kessel voll Flecksuppe springen«, M 282) und Ritualen (vgl. M 174), bei der Anbahnung erotischer Beziehungen (vgl. M 230) oder von Kampfszenen. Ein Glanzstück grotesken Erzählens finden wir im Nachtrag zur zweiten Schlacht vor Jhelam,[28] in dem es um die Heldentaten einiger Krieger aus Mahmuds Armee geht, deren Mut gleichwohl nichts gegen die ›Elefanten-Walze‹ der Feinde auszurichten vermochte: »Ich weiß, ich hätte von heroischen Taten berichten sollen, etwa von Bamar, einem Mann, der weder vorher noch nachher jemals in Erscheinung trat, wie er, auf dem Sattel stehend, sich zum ersten Stockwerk eines Turmes (die Rede ist von den Aufbauten auf Kriegselefanten, Anm. d. Verf.) emporschwang, um dort unter furchterregendem Schreien in das Korbgeflecht zu stechen, quer, schräg, diagonal und von oben, so wie man es bei gewissen Zirkusnummern sieht. Während ihm aus dem Korb heraus in den Bauch gespießt und vom zweiten Stockwerk her auf den Schädel geschlagen wurde, und Bamar, immer noch schreiend, eine blutige Masse ohne Hinterkopf, seine Säbelnummer vorführte. Seine erste und letzte in diesem Leben.« (M 264) Danach folgt der nicht weniger heldenhafte, allerdings auch kaum erfolgreiche Versuch des tapferen Harut, Elefanten von hinten her »Feuerbrände unter die Schwänze zu schieben«, worauf sich einer von ihnen gezielt und umsichtig auf den tapferen Harut setzte, nichts als platten Boden von ihm übriglassend« (M 264).

Augustins Erzähler macht sich ferner oft einen Spaß daraus, seine Figuren – besonders, wenn diese sich ›zieren‹, also bestrebt sind, sich eine Aura von Würde oder Eleganz zuzulegen – mit einem gehässigen Blick zu karikieren. Bei solchen Gelegenheiten fällt der Erzähler gerne stilistisch aus der Rolle des zeitgenössischen Beobachters und gebraucht anachronistisch-flapsige Bezeichnungen, die die Bemühungen der Figuren der Lächerlichkeit preisgeben. So rüstet Mahmuds Gegenspielerin seinen Halbbruder Esan mit einem künstlichen Ritualbart aus, um diesem einen Vorsprung im Kampf um das väterliche Erbe zu verschaffen. Nachdem der Erzähler zunächst die mächtige Wirkung des Symbols auf die Beteiligten geschildert hatte (»Esan, der nicht mehr saß, wie man auf einem Tisch sitzt, sondern wie ein Festgott thronte, durch die Kunst des Meisters zu einer wirklichen (…) Hoheit verwandelt, persisch-mesopotamisch-assyrisch-abassidisch, alles in einem. Den Leuten stand der Mund offen«, M 96 f.), wird er gehässig, zumal seine Sympathien offensichtlich nicht auf Esans Seite liegen: »(S)o gut hat er nie wieder ausgesehen, oder war es die Beleuchtung? Allerdings hätte man mit diesem Bart auch ein trächtiges Schwein zum Kalifen machen können.« (M 97)

Esans Mutter, Mahmuds mächtigste Feindin von Anfang an, ist ›die Gum‹. Beschäftigen wir uns zunächst mit ihrem Namen, bevor wir ihren Funktionen im Roman nachgehen. Gum ist meines Wissens kein gängiger Name, weder im türkisch-indischen noch in einem ähnlichen Kulturkreis. Es gibt allerdings den Namen ›Begum‹ (türk. Begüm), der zugleich als Titel – analog zur männlichen Form ›Bey‹ – unter muslimischen indischen Prinzessinnen und Fürstinnen verbreitet war. Insofern wäre ›Begum‹ eine mögliche, wenn auch übertriebene Titulatur für die Nebenfrau eines kleinen Clanführers.

Allerdings findet sich schließlich doch noch ein Beleg für das Wort im deutschen Kulturkreis, nämlich als Titel einer Erzählung von Karl May im 10. Band seiner gesammelten Reiseromane »Orangen und Datteln. Orientalische Reisefrüchte« (spätere Titeländerung zu »Sand des Verderbens«). Sinnigerweise ist dort ›Gum‹ die landestypische Bezeichnung für eine Raubkarawane, was Ernst Augustins dämonischer Figur einen durchaus passenden Anstrich verleiht. Gleichzeit belehrt uns dieser Fund über die oder wenigstens *eine* Quelle eines anderen ›Tons‹, über den sein Erzähler verfügt, nämlich den des auftrumpfend gelehrten Reiseschriftstellers, der vor seinem wenig weltläufigen, staunenden Publikum von allen möglichen Bewandt-

nissen des Orients sowieso, aber auch jenen der menschlichen Seele, der
Entstehung von historischen Irrtümern bzw. Legenden und des Weltenlaufs
im Allgemeinen schwadroniert: »Geschichtlich zeigt dies, daß Völker, die
jahrhundertelang keine natürlichen Feinde hatten – denn woher sollten sie
kommen –, von einem Niemand zu Fall gebracht werden konnten. Es ist
auch bezeichnend, daß Mahmud sogleich mit einer Unzahl von Vergehen
belegt wurde, die er unmöglich alle selber begangen haben konnte und die
sich teilweise selbst als Verleumdungen entlarvten.« (M 192) Karl May ist
sicher nicht der einzige Augustin bekannte ältere Jugend- bzw. Reiseschrift-
steller gewesen, dem er die Inspirationen zu seiner Orientgeschichte verdankt – wie er selbst übrigens im Roman anzeigt.

Das vierte Kapitel des Dritten Buchs setzt mit einer Ellipse ein: »Das
Labyrinth des Ganges« (M 288). In der Folge informiert uns der Erzähler
über seine Begegnung mit einem »graugrünen Pappband« und über die
Dinge, die sich aus dieser frühen, aber intensiven Lektüre (»Das habe ich
gesehen und am eigenen Leib erfahren«, M 288) eingeprägt haben: ein
unterirdisches Labyrinth, fliehende Mörder, die vielarmige Kali. Bei dem
erwähnten Buch handelt es sich um Maximilian Kerns exotischen Abenteu-
erroman für Jungen »Im Labyrinth des Ganges«, der (vermutlich) erstmals
1907 als 14. Band der ›Kamerad-Bibliothek‹ des Stuttgarter Unions-Verlags
erschienen ist und – zumindest noch – bis in die 1950er Jahre hinein zahlreiche Neuauflagen erlebte.[29] In diesem Kapitel spricht der Erzähler von
seiner Faszination für Labyrinthe, denen er ›heute‹ (ausgestattet mit dem
nötigen Reisegeld) überall auf der Welt nachspüre. Bereits 1936 habe er auf
»ausgedehnten und leidenschaftlichen Reisen durch Nordindien« (M 289,
vermutlich als Leser exotischer Jugendbücher) den ›ausgehöhlten Berg von
Kitor‹ aufgesucht. Nach penetrant gelehrten Ausführungen über die Geo-
logie des Ortes, die allerdings mitnichten überflüssig sind, sondern dem
späteren wunderbaren Geschehen eine pseudorationale Basis geben, sowie
über umlaufende Lokalsagen von einem ›Geistertunnel‹ offenbart der Erzähler relativ überraschend seine eigentliche Motivation für den Besuch solcher Plätze: Ihn dränge nicht Neugier, sondern sein »Sinn für Zeitfallen«
(M 290), der eigentlich eine rechte Leidenschaft darstelle.

Mit dem Begriff der ›Zeitfalle‹ dürfte Ernst Augustin hier wohl nicht auf
einen Terminus technicus aus dem Innovationsmanagement anspielen, sondern auf den Titel eines (im doppelten Wortsinne wunderbaren) Zeitreise-
Westerns mit Klaus Kinski in der Rolle des Schurken aus dem Jahre 1987.[30]
In jenem Film besitzen Menschen einer zukünftigen Epoche die Möglichkeit, in die Vergangenheit zu reisen, um dort in den Lauf der Geschichte
einzugreifen. Augustin bzw. sein Erzähler interessieren sich für dieses Prinzip und praktizieren es im Grunde selbst. Als Autor bzw. Erzähler eines
historischen Romans greifen sie in den Lauf der ›Geschichte‹, die das kollek-

tive Gedächtnis der Menschen darstellt, ein und verändern ihn nach eigenem Dafürhalten. Man kennt das Prinzip: »Was bleibet aber, stiften die Dichter« (Hölderlin).[31] Zur Publikationszeit des Mahmud-Romans ist dieses Prinzip – auch in den Geschichtswissenschaften – aktueller als je zuvor; es gibt, unter den Literaten ohnehin, eine starke Fraktion, die in der Nachfolge Hayden Whites[32] der These anhängt, dass es (für die Zeitgenossen späterer Epochen) keine historisch fassbare ›Substanz‹ jenseits des Diskurses über Geschichte geben könne. Postmodern im engeren Sinne ist nun Augustins ironische Auffassung des Zeitreise-Themas, indem er seinen Erzähler quasi markierungslos durch Zeiten und Räume ›flottieren‹ lässt, sodass er im besprochenen vierten Kapitel unversehens von seiner Indienreise des 20. Jahrhunderts in die Zeit Mahmuds von Ghazni hinüberdriftet. Dass dies den einen oder anderen Rezensenten verwirrte, dürfte den Autor vermutlich köstlich amüsiert haben.

Die mögliche Quellenlage indischer Märchen, Legenden und Exempelgeschichten habe ich nicht überprüft. Hinweise in den kurzen Zusammenfassungen bei Mylius deuten darauf hin, dass in dieser Richtung manch Interessantes zu finden sein könnte.[33] So zeigten bekannte Märchensammlungen wie der »Kathasaritasagara« bzw. der »Vetalapancavimsatika« bestimmte Motive, Züge und Tendenzen – wie die despektierliche Zeichnung von Wanderasketen oder die Betonung der Shiva-Verehrung, des Lingam- und Muttergöttinnenkults mit tantrischer Weltanschauung –, erzählerische Elemente, die wir aus dem Mahmud-Roman kennen.

Die Figurenkonstellation

Außer dem Erzähler gibt es dann doch noch die eine oder andere Romanfigur, die der Erwähnung wert ist; schließlich kommt das Buch auf stattliche 331 Seiten. Viele der Figuren besetzen zwei feindliche Lager, das des Titelhelden und seiner Unterstützer bzw. das seiner diversen Gegenspieler und Konkurrenten. Unter den Letztgenannten ragen zwei Figuren hervor, die Gum, von der bereits die Rede war, und ein nach dem Kontrastprinzip konzipierter gleichaltriger indischer Jungfürst, Hanuman. Zwei mindere Rivalen, seine Halbbrüder, ist Mahmud bereits als Säugling in seiner Wiege losgeworden. Nachdem der eine davon, »der Khazi«, ganz nach seiner Mutter Gum geraten, einer mehr als ›mächtig‹ gebauten Frauensperson, den bis zur Lebensuntüchtigkeit schwächlichen Fazl Bad der Hauptfrau (Bilkis)[34] des Clanchefs Habibullah beim nächtlichen Versuch, sich in der gemeinsamen Wiege aufzurichten, totgetreten hat, begeht er »den Fehler seines Lebens« (M 45), der ihn dasselbe kostet. Als er auf Mahmud tritt, packt ihn dieser fest beim Hals: »Und dann war Ruhe.« (M 45) Als Leser sind wir bereits auf der Seite des kleinen Würgers, denn erstens verteidigt dieser nur sein Leben gegen den brutalen »Trampel« (M 44), zum anderen haben wir zwischenzeitlich erfahren, wie die Gum Mahmuds Mutter, eine hübsche junge Frau von niedrigstem Stand, auf eine ungeheuer brutale Weise verstümmeln und verkaufen ließ. An dieser Stelle sei hinzugefügt, dass das Mordgeschehen in der Kinderwiege nicht ohne Bezüge zur historischen Realität entworfen wurde; in allen persisch-türkischen Dynastien der Zeit – und ganz besonders bei den Ghaznawiden – waren blutige Auseinandersetzungen um die Macht nach dem Tode eines Herrschers die Regel. So hatte bereits der historische Mahmud um den Thron kämpfen müssen. Nach seinem Tod kam es zwischen den Söhnen Muhammad und Masud dann zu einem langjährigen Machtgerangel, das das Reich entscheidend schwächte und seiner fähigsten Generäle beraubte, sodass es bereits zehn Jahre später dem Angriff der Seldschuken nicht mehr standhalten konnte.[35]

Mit dem Wiegenmassaker wäre Mahmud eigentlich vom dritten Rang als Thronfolger auf die erste Position geklettert, hätte ihn die Gum nicht vor Habibullah des doppelten Brudermords angeklagt und mit lautstarker Unterstützung ihrer Anhänger seinen Tod gefordert: »Totschlagen!« – »Zertreten!« – »Und weg damit!« (M 48) Am Ende gibt König Habibullah, »er war streng und gerecht« (M 48), ein »Gerechter, der in den Brunnen der Wahrheit hineinsah und diese schöpfte wie Wasser« (M 49), der dritten Forderung nach, aber *nur* dieser: »Weg damit!« (M 49, wiederholt M 50) Der Gum verschlägt es angesichts dieser Milde den Atem; zutiefst ironisch kommentiert der Erzähler in erlebter Rede: »Und wo blieb die Gerechtigkeit!« (M 50). Das Gerechtigkeitsthema ist spätestens mit dieser Gerichtsverhandlung explizit in den Roman eingeführt. Mit Sicherheit zieht der Leser aus dem Erzählerbericht seine eigenen Schlüsse. Er hat verstanden, dass Habibullah alles andere als eine weise und gerechte Persönlichkeit ist; vielmehr handelt es sich hier um einen auf den eigenen Vorteil bedachten ›Bauchmenschen‹, einen orientalischen Dorfdespoten – mit menschlichen Instinkten. Die Gum ist im Vergleich zu ihm deutlich schlimmer: eine macht- und statusversessene Bestie, völlig skrupellos und jederzeit bereit, wirklich alles aus dem Wege zu räumen, was dem eigenen Aufstieg im Wege steht.[36] Wenn also ›die Gerechtigkeit‹ von jemandem aufs Empörendste verletzt wird, dann von ihr.

Das Thema wird von Augustin in doppelter Funktion durch den gesamten Roman geführt; einmal als Kriterium für einen geeigneten, vom Himmel bestätigten und ›begnadeten‹ Monarchen, zum anderen im Sinne eines gerechten, das heißt ›sinnvollen‹ Laufs der Geschichte. Für Letzteres kann der durch Zeitfallen reisende, die Geschichte nachträglich korrigierende Historiker-Poet ein Stück weit sorgen – und für den erstgenannten Aspekt im Grunde genommen auch, aber dort spiegelt er seinem Publikum vor, dass sich eine höhere Instanz persönlich um Mahmud bemühe.

Wenn in Erzählungen von Eingriffen der Sterne, des Schicksals oder der Götter berichtet wird, befinden wir uns üblicherweise in den Sinnräumen des Mythos, der Legende oder des Märchens. Augustins Erzähler zeigt in der Tat wenig Scheu, seinen Lesern derartige Textsorten als narrative *locations* zuzumuten. Schon die Würgeszene im Säuglingsalter erinnert den Mythenbewanderten an den kleinen Herakles, und auch der wunderbare Umstand, dass Mahmud nach seiner Gerichtsverhandlung und Verbannung weder von Pferdehufen zerstampft wird noch verhungert und schließlich auch noch eine nette Löwin zur mütterlichen Beschützerin und Erzieherin erhält, erscheint irgendwie vertraut. In dieser Situation stimmt der Erzähler einen weiteren Ton an, indem er sich Mühe gibt, das zwischenzeitlich ins Phantastisch-Märchenhafte gekippte Geschehen zu plausibilisieren. Wir kennen freilich auch diese Stimmlage, und zwar aus Thomas Manns »Der Erwählte« als ›Geist der Erzählung‹.[37] Immerhin befriedigt es unser Gerechtigkeitsgefühl, wenn Mahmud seine ungerechte Verbannung überleben darf, die arme Bilkis trotz des Todes ihres Söhnchens ihren Seelenfrieden findet und Mahmuds Ersatzmutter eine Löwenjagd, bei der sie ihr Leihkind dem Vater zurückgeben muss, lediglich leicht verletzt übersteht: »(S)ie kämpfte um ihr Junges wie eine Löwenmutter,[38] doch in der letzten Konsequenz mag bei ihr die Einsicht gewaltet haben, daß es ja doch nicht ihres war. Der König ließ sie denn auch frei abziehen, gewissermaßen als Entgelt für geleistete Mutterdienste. Stand da gebieterisch (wenn auch dankbar) mit dem, was ihm von Rechts wegen[39] gehörte. Die Löwin senkte den Kopf und trabte mit einem Murren davon. Man mag sie bedauern, aber wenigstens war sie nicht aufgespießt worden.« (M 84)

Der (Halb-)Bruderkampf um die Habibullah-Nachfolge kann in die nächste Runde gehen. Obwohl Mahmuds Rivale Esan von der Gum nach Kräften unterstützt und ausgestattet wird, lässt sich nicht verkennen, dass ›der Bastard‹ von der Natur, den Sternen und dem Erzähler (vorgeblich gegen dessen Absicht!) begünstigt wird, dass er von seinem Vater mit Wohlgefallen angesehen und letztlich der von allen relevanten Instanzen erkorene Nachfolger sein wird. Mit dem Zweiten Buch setzt der Erzähler gewissermaßen eine neue Figur aufs Spielbrett, die angeblich als »Streiter für das Gute« (M 124) dem Mordbrennen und Rauben des jungen Mahmud, der inzwischen an der Spitze eines Haufens marodierender junger Männer Nordindien verheert, Einhalt gebieten soll. Dieser Gegenspieler solle ganz und gar anders als Mahmud sein, »mir kommt die Vision des Knaben auf dem Lotosthron«, sagt der Erzähler beim Fachsimpeln seinem Schriftstellerkollegen Shuri, »schattig, bläulich, unendlich nobel« (M 124f.). Damit kann er den Freund aber nicht überzeugen, der glaubt nicht an die ästhetische Potenz nobler Charaktere, die hätten literarisch noch nie viel gebracht. Hören wir aus dieser flapsigen Replik eine kleine Sottise gegen Rilke, Hofmannsthal und Thomas Mann heraus? Nun, unser Erzähler besteht auf seinem Plan, er will es darauf ankommen lassen.

Als Gegenspieler hat er sich einen feinen (!) indischen Prinzen ausgedacht, im gleichen Alter wie Mahmud, in einer prächtigen Dschungelfestung residierend,[40] die den Ort Radjavahalpuram[41] überragt, im Übrigen eine Gestalt, die mit allen Wassern gewaschen ist. Dass dieser Prinz den Namen Hanuman trägt, hat einen ironischen und einen tieferen Sinn. Ironisch daran ist der offensichtliche Gegensatz hinsichtlich der physischen und psychischen Ausstattung dieser anämisch-perversen Figur zum robusten, tollpatschigen, aber durch und durch gutmütigen Affenkrieger der hinduistischen Götterwelt.[42] Historisch stimmig und interessant ist indessen der Umstand, dass die muslimischen Invasionen der Jahrtausendwende Hinduherrscher betroffener Reiche motivierten, die Hanuman-Verehrung des Volkes ideologisch zu nutzen und in ihre Verteidigungsstrategien einzubinden.[43] Weiteren Aspekten der späteren Entwicklung lokaler Hanuman-Kulte kann im Rahmen dieses Essays nicht mehr nachgegangen werden, obwohl sie eventuell noch interessante Bezüge zum Roman bieten könnten.[44] In seinem menschlichen Wesen deformiert wurde der Prinz durch seine Sozialisierung im Rahmen ebenso rigoroser wie absurder höfischer Zeremonielle, die ihn einerseits zu einer Art Gott erhoben, ihm andererseits seine natürlichen kindlichen Wünsche (Kontakt zur geliebten Zwillingsschwester, Kontakt zur leiblichen Mutter, Kontakt zum – völlig in höheren Sphären entschwundenen – Vater) versagten. Sexueller Missbrauch durch eine seiner ›Ersatzmütter‹ unter Vorspiegelung eines religiösen Rituals darf auch unterstellt werden.[45] Der ›hochnoble‹ Prinz entwickelt in dieser Situation eine Fülle psychischer Pathologien, die von infantil-egozentrischen Verhaltensweisen über inzestuöse erotische Obsessionen bis hin zu Depressionen, Angstschüben und sadistisch-masochistischen Praktiken reichen.[46] Menschen kann er praktisch nur noch als ›Gebrauchsgegenstände‹,[47] als Objekte seines Begehrens oder als verhasste Widerstände, die der Befriedigung seiner Wünsche entgegenstehen, wahrnehmen.

Beim Versuch, sich Zugang zur obsessiv begehrten Schwester zu verschaffen, die man aufgrund einer wirren Prophezeiung vor ihm verbirgt, bringt er diese (versehentlich) mit jenem Gift um, mit dem er eigentlich ihre Vorkosterinnen und Wächterinnen hatte aus dem Weg räumen wollen. Die Schuld verschiebt er auf seine leibliche Mutter, die Fürstin, die ihn in seinem gesamten Leben kaum einmal berührt hat. Öfter gesehen hat er da schon eine vornehme Hofdame (Shakti), die ihn gelegentlich in eine geheime, mit erotischen Skulpturen und Symbolen ausgestattete Unterwelt der Palastanlage entführt, um dort der Göttin, deren Namen sie trägt,[48] dem Lingam Shivas und dem Yoni Kalis, Tribut zu zollen. Alltägliche Begleiter seiner kindlichen Tage waren Tagesmütter von niederem und niedrigstem Stande, die ihn einst zu stillen und ihm später die Hüfte zum ›Aufsitzen‹ darzubieten hatten. Schuld lädt dieser Hanuman schon bei täglich abgehaltenen sadistischen Spielchen mit seinem Vorkoster auf sich, aber die Rachsucht göttlicher wie poetischer Gerechtigkeit fordert er endgültig heraus, als er seine ›goldene Mutter‹, die Rani, dem Ritual der Witwenverbrennung[49] ausliefert, das Augustins Erzähler realistisch, in drastischen Details und ohne jeden Anflug ironischer Distanzierung oder milden Verständnisses für diejenigen, die es betreiben, und diejenigen, die zuschauen, schildert. Diese Szene des Zweiten Buches korrespondiert mit jener des Ersten, in der sich die Gum an Mahmuds Mutter versündigt. Beide Figuren haben sich in einer Weise schuldig gemacht, dass ihr Pakt (seiner konkreten Inszenierung nach ein wahrer Teufelspakt!) gegen Mahmud im Dritten Buch nicht mehr überraschen kann und ihr Untergang im großen Showdown zum Schluss im Rahmen dieses Romans, der sorgfältig darauf bedacht ist, jedes Motiv zu Ende zu führen, jeden Spannungsbogen zu schließen und jede Tat nach Gebühr zu ›belohnen‹, eine unabwendbare Konsequenz sein *muss*.

Eine andere, der ›goldenen‹ Rani diametral entgegengesetzte, ›schwarze‹ Mutter ist die schreckliche Kali, deren mächtige Statue in den Kellergewölben des Palasts lauert und von Hanuman gelegentlich zum Zwecke der Devotion und des Zu-sich-selbst-Kommens aufgesucht wird. Umgekehrt sucht sie ihn in seinen Träumen heim: »(U)nd als sie ihn gewaltig steinern in die Arme nimmt, geschieht Sonderbares im Traum, im Schlaf, oder ist es eine Art Wirklichkeit? Die Steinerne ist nicht kalt, sie ist im Gegenteil heiß wie ein Ofen und umfängt ihn mit einer Mütterlichkeit, die ihm nie zuvor zuteil geworden war. Sie wiegt ihn, leckt ihn mit der langen Zunge, und sie weiß, was ihn bewegt (…), ganz schlimme verborgene Sachen, die er niemandem erzählen würde.« (M 168 f.) Furcht und Erotik bilden bei solchen Gelegenheiten – etwa nach dem grausamen Sati-Verbrechen – eine nicht zu trennende Einheit. Die zitierte Traumschilderung unterstreicht übrigens mit der Leckszene die Parallele zu Mahmuds Löwenmutter. Zum Ende des Romans hin wird Hanuman mit der Gum, die häufig ›schwarz-flatternd‹ gekleidet ist, einer lebendigen Verkörperung seiner furchtbaren Traummutter begegnen und verfallen.[50]

Mahmud und Hanuman werden zu Rivalen, freilich einer recht seltsamen Art, weil ihr Begehren zwar durch dasselbe Objekt, Hanumans Schwester Nahmini, geweckt wird, diese allerdings tot ist. Wovon aber nur der eine weiß. Wie Mahmud von Nahmini Kunde erlangt hat, ist eine eigene Geschichte, die bekannte märchenhafte Motive entfaltet, hier aber nicht ausgebreitet werden soll. Jedenfalls zieht Mahmud nicht als Eroberer vor Hanumans Dschungelfestung, sondern um um die Hand von dessen Schwester anzuhalten. Die Begegnung der beiden Fürsten und ihrer jeweiligen Gefolgschaft inszeniert Augustin als grotesken *clash of civilizations*,[51] Barbaren und Decadents schenken einander – zum Amüsement des Lesers – beim Prunken, Drohen und Feiern nichts. Mahmuds Werben ist für Hanuman extrem gefährlich, da er ihm keine Braut präsentieren kann, ihn aber auch nicht über die wahren Verhältnisse informieren darf. Ein enttäuschter Mahmud, so ist man jedenfalls auf indischer Seite überzeugt, würde von dem feinen Dschungelpalast inklusive seiner ›hochnoblen‹ Bewohner wenig übrig lassen. Mit einer List bewegt Hanuman schließlich den Barbaren zum Abzug: Er spiegelt ihm vor, dass allein dessen Mutter oder Vater der Sitte nach berechtigt seien, Nahmini vor der Hochzeit zu begutachten, um sich davon zu überzeugen, dass unter dem Schleier keine Ziege sei (vgl. M 229). Auf diese Gewissheit will aber Mahmud seinerseits nicht verzichten. Also zieht er zunächst einmal unverrichteter Dinge, aber doch hoffnungsvoll ab, um den Vater zu holen.

Hanuman hat zwar Zeit gewonnen, aber seine weiter gespannten Hoffnungen, den unliebsamen Schwager in spe nie wieder zu sehen, sollen sich nicht erfüllen. Ein Jahr später steht Mahmud wieder mit seinem Heer vor der Festung. Wieder hat er den Weg erfolgreich geschafft, obwohl er ihm dieses Mal schwerer geworden ist. Seinen unterdessen verstorbenen Vater konnte er als Brautschauer nicht mehr mitbringen, dafür hat er die Gum als Ersatzmutter dabei, die das Amt gerne übernommen hat, wittert ihr Machtinstinkt doch eine neue Chance. Diese ergibt sich tatsächlich, als sie Hanuman begegnet und beide sich ›erkennen‹. Man schmiedet eine politisch-sexuelle Allianz gegen Mahmud und lockt den liebestrunkenen Toren in eine scheinbar tödliche Falle. Es handelt sich dabei um ein unterirdisches Stollenlabyrinth im Fels unter dem Palast, das ein Ungeheuer beherbergt. Man kennt das: kein Labyrinth ohne Minotaurus, kein wahrer Heros ohne Abstieg in die Unterwelt.[52] Mahmuds Höllengang wird vom Erzähler unter Aufbietung zahlreicher trivialliterarischer Gruselelemente spannend in Szene gesetzt, vom gesamten Erzählarrangement her aber als hochironische Angelegenheit behandelt. Insgesamt gesehen brennt Augustin hier ein Feuerwerk witziger Einfälle, paradoxer Gedankensprünge und dreister erzählerischer Zumutungen ab. Die Schilderung des Labyrinths gerät – wie kurz zuvor auch ehrlich angekündigt – ganz nach den Vorbildern älterer Jugend- bzw. Abenteuergeschichten und macht auch vor einer Parodie eigener Erzählpraktiken in älteren Romanen nicht halt.[53] Es dürfte Augustin vermutlich gefallen haben, dass nicht wenige Leser diese offenkundige Selbstpersiflage[54] für bare Münze genommen und Mahmuds Abstieg in die Unterwelt als eine Wanderung durch eine Seelenlandschaft gedeutet haben.

Ausblick

Um die Witze, Pointen, Anspielungen, Sottisen und motivischen Verknüpfungen des Schlussteils auch nur annähernd zu würdigen, wären weitere Ausführungen nötig. Ich beschränke mich jedoch auf wenige Stichworte, um mögliche Untersuchungsgegenstände anzudeuten: die ironische, weil zumindest teilweise auf Fehldeutungen basierende Anagnorisis-Szene (vgl. M 314, 321), als Mahmud und seine leibliche Mutter einander in finsterer Unterwelt begegnen,[55] das daran anschließende Pseudo-Idyll (vgl. M 315) wechselseitigen Erzählens mit derbsten Ausdrücken und den Entschuldigungsversuchen des Erzählers (vgl. M 317), dessen komische Übertreibungen bei der Rationalisierung wunderbarer Geschehnisse, etwa der Interpretation einer Mimik, für die jede physiologische Grundlage fehlt (vgl. M 320 f.), oder die geologisch motivierte Katastrophe in Diensten poetischer Gerechtigkeit[56] – und Ungerechtigkeit! (Vgl. M 319–325)

Eine eigene Betrachtung verdiente die Diskussion auf der Metaebene über das Genre des historischen Romans und dessen plagiatorische Nachahmung durch den windigen ›Konkurrenten-Freund‹ Shuri,[57] der an einem Barbur-Roman tüftelt. Auch die Offenlegung einer weiteren Quelle, vom Erzähler in großartiger Pose, die wohl einmal mehr ironisch zu nehmen ist, als Verrat eines ›Werkgeheimnisses‹ tituliert, wäre in diese Metadiskussion einzuordnen.[58] Die wichtigste Pointe des Schlusskapitels ist aber mit einem Akt poetischer Gerechtigkeit verbunden: Mahmud lässt seiner Mutter eine goldene Ersatznase anfertigen. Die hat sie sich wahrlich verdient!

1 Ernst Augustin: »Mahmud der Schlächter oder Der feine Weg. Roman«, Frankfurt / M. 1992 (im Folgenden zitiert mit der Sigle »M« und Seitenzahl), Neuauflage 2003, München, unter dem Titel »Mahmud der Bastard«. Titelzitat S. 276. — 2 Im Jahr 2013 eine der drei islamischen Weltkulturhauptstädte. — 3 Vgl. L. P. Sharma: »History of Medieval India (1000–1740 A. D.)«, Delhi, Second Revised Edition 1987, S. 11: »Mahmud was an educated and cultured person. He was a patron of scholarship and fine arts.« — 4 Persischstämmige muslimische Familie, die ihren Stammbaum auf einen Sassaniden-General zurückführte und von 819 bis 1004 im westlichen Zentralasien östlich des Kaspischen Meers herrschte, einem Raum, der große Teile der heutigen Staaten Turkmenistan, Afghanistan und Usbekistan abdeckt, aber auch Provinzen im Nordosten des Iran einschließt. Die Hauptstadt dieser Dynastie war Buchara. Vgl. generell zum historischen Hintergrund des Romans Sharma: »History of Medieval India«, a. a. O., S. 1–31. — 5 Grenzgebiet zwischen den modernen Staaten Iran und Afghanistan, Heimat des Helden Rostam (arab. Rustam, türk. Rüstem) aus dem persischen Nationalepos »Schahname« (die Schreibung von Titeln und Namen erfolgt – wie auch in Augustins Roman – ohne diakritische Zeichen) des Dichters Firdausi. Vgl. Werner Heiduczek: »Die schönsten Sagen aus Firdausis Königsbuch«, Berlin (DDR) 1982. Dass Mahmuds Mutter eine Sklavin gewesen sein soll, ist in einer zeitgenössischen Satire auf ihn zu lesen, die man Firdausi zugeschrieben hat, vgl. dazu Muhammad

Nazim: »The Life and Times of Sultan Mahmud of Ghazna«, 2. Aufl., New Delhi 1971 (zuerst 1931), S. 34, Anm. 4. — **6** Vgl. Rudolf Gelpke: »Sultan Mas'ud I. von Gazna. Die drei ersten Jahre seiner Herrschaft (421 / 1030–424 / 1033)«, München 1957, S. 10. — **7** So bekämpfte Mahmud beispielsweise die schiitischen Buyiden in Dschibal erbarmungslos; Vertreter islamischer Sekten (Karmaten) und Geheimlehren (Batiniten) ließ er steinigen, wenn er ihrer habhaft werden konnte, nicht zuletzt, um die wackelige Herrschaft des Kalifen in Bagdad zu stützen. Dabei scheint Mahmud aber eher ein ›Realpolitiker‹ als ein fanatischer Glaubenskrieger gewesen zu sein. Über seine Motive bei den nicht selten veranstalteten Massakern unter islamischen ›Abweichlern‹ und anders religiösen Gegnern lassen sich nur Vermutungen anstellen. Verteidiger seiner Herrschaftsführung verweisen auf die allgemeinen Gepflogenheiten der Zeit; man darf aber wohl auch vermuten, dass Mahmud einen religiös-ideologischen Kitt brauchte, um seine überaus heterogene Soldateska zusammenzuhalten, und diesen in einem strikten Bekenntnis zur vom Bagdader Kalifat verkörperten Sunna gesehen hat. Es gibt Hinweise darauf, dass die größten Massaker unter Muslimen von indischen Söldnern begangen worden sind. — **8** Da in Augustins Roman die strategisch-politischen Erwägungen des historischen Mahmud praktisch keine Rolle spielen, will ich diesen Punkt nicht vertiefen; vgl. aber J. Talboys Wheeler: »History of India and of the Frontier States of Afghanistan, Nepal and Burma«, Delhi 1987, S. 75–77. — **9** Iranisch-afghanischer Kernraum seines späteren Großreichs. — **10** Wichtiger historischer Raum jenseits des Oxus (antiker Name des Amu-Darja) mit den Metropolen Samarkand und Buchara, heute mehrheitlich zum Staatsgebiet Usbekistans zählend. Transoxanien besteht weithin aus Wüsten und Steppen, besitzt aber auch fruchtbare, landwirtschaftliche Bewässerungsgebiete. Für die alten Perser gehörte Transoxanien zum feindlichen Turan, vgl. dazu ausführlich Firdausis »Schahname«. — **11** Vgl. Hermann Kulke / Dietmar Rothermund: »Geschichte Indiens«, Stuttgart, Berlin, Köln, Mainz 1982, S. 184. — **12** Vgl. Habibo Brechna: »Die Geschichte Afghanistans. Das historische Umfeld Afghanistans über 1500 Jahre«, Zürich 2005, S. 39. — **13** Vgl. Gelpke: »Sultan Mas'ud I. von Gazna«, a. a. O., S. 10; dagegen argumentiert Brechna: »Die Geschichte Afghanistans«, a. a. O. S. 39: »Sultan Mahmud benützte Indien als seine Schatzkammer. Er brachte die Schätze nach Ghazni, die (sic!) er in 30 Jahren seiner Herrschaft zur schönsten Stadt in Asien ausbaute. Er hatte nie im Sinn, nach seinen Eroberungen in Indien zu bleiben. (…) Er holte aus Indien die besten Handwerker, und sie arbeiteten im Frondienst wie zu Zeiten von Dschingis Khan und Timur Lenk.« — **14** Auch Goethe lobte ihn ausdrücklich dafür, dass er in seinem Machtbereich mit der indischen Vielgötterei Schluss gemacht habe. — **15** Vgl. Sharma: »History of Medieval India«, a. a. O., S. 11: »Mahmud was a just ruler.« Gerechtigkeit ist ein wichtiges Herrscherkriterium; die ältere, zum Teil natürlich *auch* panegyrisch angelegte Geschichtsschreibung überliefert eindrucksvolle Beispiele dafür, wie Mahmud Übergriffe höchster Mitglieder seines Clans gegen Untertanen strengstens geahndet hat. Ernst Augustin geht auf diese Anekdoten nicht ein, berichtet aber von einem anderen Fall (Ausbau des Grabmals seines Halbbruders, S. 254–256), bei dem Mahmud das ›Werk der Gerechtigkeit‹ betrieben habe. — **16** Vgl. Hermann Kulke: »Indische Geschichte bis 1750«, München 2005, S. 60: »In Indien gilt Mahmud bis heute (…) als Inbegriff eines Ikonoklasters und blindwütigen Zerstörers.« — **17** Vgl. Kulke / Rothermund: »Geschichte Indiens«, a. a. O., S. 183. — **18** Zum friedlichen Ausgang der Kampagne gegen Ganda, der sich Mahmud unterwarf und damit der Vernichtung entging, vgl. G. E. Tetley: »The Ghaznavid and Seldjuq Turks. Poetry as a Source for Iranian History«, London, New York 2009, S. 61. — **19** Als ›mildernden Umstand‹ könnte man zugunsten Mahmuds anführen, dass Multans Herrscher sich zur weltoffenen schiitischen Sekte der Ismailiten bekannten, für ihn also ›Ketzer‹ waren. Außerdem scheinen sie vertragsbrüchig gewesen zu sein. — **20** Vgl. Kulke / Rothermund: »Geschichte Indiens«, a. a. O., S. 183. — **21** Vgl. Wheeler: »History of India and of the Frontier States of Afghanistan, Nepal and Burma«, a. a. O., S. 77. — **22** Seriöse historische Quellen sprechen hier beispielsweise von bis zu 100 000 Reitern in Mahmuds späterer Regentschaftsjahren. — **23** Weit freigiebiger als Mahmud selbst soll sein Sohn und Nachfolger Mas'ud den Künstlern des Hofs begegnet sein; vgl. Gelpke: »Sultan Mas'ud I. von Gazna«, a. a. O., S. 24. — **24** Vgl.

Jürgen Ehlers: »Ferdausi und das Schahname«, in: Julia Gonnella / Christoph Rauch (Hg.): »Heroische Zeiten. Tausend Jahre persisches Buch der Könige«, Berlin 2001, S. 17 f. — **25** Vgl. Khaliq Ahmad Nizami: »On History and Historians of Medieval India«, New Delhi 1983. — **26** Vgl. Martin Stern: »Dreimal poetische Gerechtigkeit: Beethovens ›Fidelio‹, Raimunds ›Alpenkönig‹ und Nestroys ›Mädl aus der Vorstadt‹ – ein Beitrag zur Säkularisation im 19. Jahrhundert«, in: »Nestroyana« 34 (2014), S. 36–44. — **27** Vgl. Wolfgang Zach: »Poetic Justice. Theorie und Geschichte einer literarischen Doktrin. Begriff – Idee – Komödienkonzeption«, Tübingen 1986, S. 379–421. — **28** Dass es Augustin hier um die Groteske geht und nicht um historische Korrektheit, versteht sich; im Prinzip war Mahmuds weit beweglichere Reiterarmee den indischen Kriegselefanten, die mit Pfeilen geblendet werden konnten, überlegen. Vgl. Wheeler: »History of India and of the Frontier States of Afghanistan, Nepal and Burma«, a. a. O., S. 76. Allerdings verdankte er seinen Sieg gegen eine gewaltige Konföderation indischer Rajas unter Anandpal (1008), der wohl den geschichtlichen Hintergrund der geschilderten Schlacht bildet, tatsächlich glücklichen Zufällen; vgl. S. M. Ikram: »History of Muslim Civilization in India and Pakistan. A Political and Cultural History«, 4. Aufl., Lahore 1989, S. 58. Zum kulturgeschichtlichen Kontext hinsichtlich des Einsatzes von Elefanten vgl. Jürgen. W. Frembgen: »Der Elefant bei den Moghul«, in: Ders. (Hg.): »Rosenduft und Säbelglanz. Islamische Kunst und Kultur der Moghulzeit«, München 1996, S. 166–181. — **29** Ich habe in »Mahmud der Schlächter oder Der feine Weg« keinen Verweis auf Thea von Harbous Indien-Romane gefunden, die durch wiederholte Verfilmungen (unter anderem durch Fritz Lang) zeitweise extrem populär waren und für deutsche Indienstereotype eine gewisse Prägekraft entwickelt haben. Ich kann mir kaum vorstellen, dass Ernst Augustin mit diesen Romanen bzw. Filmen nicht in Berührung gekommen ist; vgl. Hans-Peter Ecker: »Überleben in einem Land, das ein Weib ist. Geschlechtsideologische Imaginationen des ›Deutschen‹ bei Thea von Harbou und Fritz Lang«, in: Gudrun Loster-Schneider (Hg.): »Geschlecht – Literatur – Geschichte II. Nation und Geschlecht«, St. Ingbert 2003, S. 155–169. — **30** Amerikanischer Titel »Timestalkers«, Regie: Michael Schultz, Buch: Ray Brown. — **31** Friedrich Hölderlin: »Andenken«, in: Ders.: »Sämtliche Werke. Kleine Stuttgarter Ausgabe«, hg. von Friedrich Beißner, Stuttgart 1953, Bd. 2, S. 195–198, hier S. 198. — **32** Hayden White: »Auch Klio dichtet oder Die Fiktion des Faktischen. Studien zur Tropologie des historischen Diskurses«, Stuttgart 1986. — **33** Vgl. Klaus Mylius: »Geschichte der altindischen Literatur. Die 3000jährige Entwicklung der religiös-philosophischen, belletristischen und wissenschaftlichen Literatur Indiens von den Veden bis zur Etablierung des Islam«, Wiesbaden 2003, S. 161–166. — **34** Zwischen Bilkis und der Gum kommt es im ersten Kapitel zu einer Begegnung, die dem ›Treffen der Königinnen‹ im Nibelungenlied nachempfunden ist. Bilkis ist zwar noch offiziell Habibullahs Hauptfrau, ihre Stellung ist aber durch den Tod ihrer vier Kinder entscheidend geschwächt, da man sie dafür verantwortlich macht. Außerdem ist sie körperlich so am Ende, dass ihr niemand, am wenigsten ihre Schwester Gum, eine neuerliche Schwangerschaft zugetraut hätte. — **35** Vgl. Gelpke: »Sultan Mas'ud I. von Gazna«, a. a. O. — **36** Im Schlussteil gibt sie die Überlegungen kund, notfalls auch den eigenen Sohn zu opfern, wenn ihr Anschlag auf Mahmud misslingen sollte. — **37** Vgl. dazu den Beitrag von Kai Sina in diesem Band. — **38** Für Augustin typischer Sprachwitz. — **39** Nach dem Erzählerbericht erscheint es sehr fragwürdig, ob dieser König ein Recht auf Mahmud beanspruchen kann; der Erzähler übernimmt mit ironischer Intention Habibullahs Sicht der Dinge. — **40** Sicher *auch* (!) inspiriert von realen Palast- und Festungsbauten (Festung von Agra mit ihrem Elefantentor, Palastanlage und Festung von Amber, Tempelanlage und Festung von Kannauj etc.); allerdings muss es einer einschlägigen Untersuchung vorbehalten bleiben, einen genauen Abgleich vorzunehmen. — **41** Konnte von mir geografisch nicht nachgewiesen werden, auch nicht in der später im Roman verwendeten Schreibung. — **42** Vgl. István Keul: »Hanuman, der Gott in Affengestalt. Entwicklung und Erscheinungsformen seiner Verehrung«, Berlin, New York 2002. — **43** Ebd., S. 85. — **44** Vgl. die Stilisierung Hanumans zu einem feminisierten Ästheten bei den *rasiks*, ebd., S. 5. — **45** Vgl. die hochironisch, teilweise auch zynisch erzählte Szene, in der Hanuman seiner Ersatzmutter Shakti begegnet, einer ›Dame‹ – vermutlich wäre der Begriff ›Kurtisane‹ angemessener – aus den höheren Etagen des Palasts, die ihn in den Kult der Göttin einweiht, deren Namen sie trägt, M 147–150. — **46** Vgl. die Rosenmilch-Episode, M 132–134, aber auch den Pakt mit der Gum, M 285–287. — **47** Zum Beispiel als Sitzmöbel, vgl. M 145 f. — **48** Im Hinduismus weibliche Urkraft des Universums, die mütterliche, aber auch zerstörerische Aspekte besitzt; Shakti wird – je nach Kontext – von ganz unterschiedlichen Göttinnen, auch Kali verkörpert. Vgl. zu Details Hans Wilhelm Haussig (Hg.): »Götter und Mythen des indischen Subkontinents«, Stuttgart 1984 (Wörterbuch der Mythologie, Erste Abt., V). — **49** Vgl. zu diesem Phänomen, seinen gesellschaftlichen und politischen Funktionen und Beispielen seiner künstlerischen Darstellung Hans-Peter Ecker: »Flambierte Frauen und lustige Witwen. Literarische Inszenierungen eines sozialen Problemfelds«, in: Peter Müller (Hg.): »Frauengeschichte(n). Vorträge im Rahmen der Bronnbacher Gespräche 2001«, Stuttgart 2002, S. 79–100. — **50** So absurd sich diese ›Liebe‹ zwischen Hanuman und der Gum für den in Sachen indischer Religionsgeschichte unbedarften Leser vielleicht ausnimmt, so dicht ist sie an bestimmten Ritualen gewisser Strömungen des Tantrismus entlang erzählt, in denen das Böse, Unreine, Verbotene, das von Kali symbolisiert wird, als Werkzeug der Erlösung fungiert. In bestimmten Kali-Kulten wird sie von ihren Verehrern in Gestalt eines hilflosen Kindes aufgesucht und umworben, vgl. David Kinsley: »Indische Göttinnen. Weibliche Gottheiten im Hinduismus«, Frankfurt / M. 1990, S. 167–180, bes. S. 172. — **51** Huntingtons provozierendes Werk erschien allerdings erst 1996. — **52** Vgl. Hans-Peter Ecker: »Figuren- und Handlungsdesign als Parodie des sogenannten Monomythos. Helmut Kraussers ›Die wilden Hunde von Pompeii‹«, in: Claude D. Conter / Oliver Jahraus (Hg.): »Sex – Tod – Genie. Beiträge zum Werk von Helmut Krausser«, Göttingen 2009, S. 197–210. — **53** Vgl. Sabine Brocher: »Abenteuerliche Elemente im modernen Roman. Italo Calvino, Ernst Augustin, Luigi Malerba, Kurt Vonnegut und Ror Wolf«, München, Wien 1981, S. 49–84. — **54** Man vergleiche die Volte des Erzählers von der eigenen Psychodeutung zum handfesten Denken des Helden (vgl. M 306 f.). Natürlich ist hier mit der Selbstpersiflage auch noch eine ironische Spitze gegen die psychoanalytische Deutungsmethode verbunden. — **55** Witzig daran ist die mit dem Kontakt zur Mutter einsetzende Regression Mahmuds, die sich auch physisch bemerkbar macht; er wird zunehmend kleiner und rundlicher (vgl. M 321). — **56** Die dann auch noch nach dem Schema einfachster Trivial- oder Märchenliteratur penetrant expliziert wird (vgl. M 325). — **57** Der Name ist interpretationsfähig; beispielsweise sagt man ›Shuris‹ nach, dass sie Überraschungen lieben. — **58** Es geht um eine bemalte Tafelfliese an der Rückwand der Soliman-Moschee in Delhi, die nach Angabe des Erzählers gewissermaßen die gesamte Geschichte in nuce enthält (vgl. M 330 f.). Vgl. das Kapitel »Das Schahname an der Wand: Lüster- und andere Fliesen« in: Julia Gonnella / Christoph Rauch (Hg.): »Heroische Zeiten. Tausend Jahre persisches Buch der Könige«, Berlin 2011, S. 159–168. Interessant ist im Roman auch die Verortung der Fliese als winziges Mosaiksteinchen in einem riesigen Bild aus ähnlichen Tafeln, die zusammengenommen die Unendlichkeit der Geschichte *und* möglicher poetischer Stoffe bilden. Vgl. in gattungstheoretischer Hinsicht den Einsatz von Bildquellen in experimentellen historischen Romanen.

Martin Kraus

Die gewisse Komik beim Beschreiben bestimmter Körperteile

Zu Ernst Augustins »Die Schule der Nackten«

Ernst Augustins Roman »Die Schule der Nackten«[1] erschien 2003, also in einem Jahr, in dem Mitteleuropa aufgrund eines ausdauernden Hochdruckgebiets namens Michaela einen »Jahrhundertsommer«[2] erlebte. Das war ein gutes Timing für eine Veröffentlichung, die den Autor zu einem »Schwimmbaddichter«[3] machte und von der Kritik als »erste(r) FKK-Roman der Welt«[4] präsentiert werden konnte. Bevor sich das Geschehen in der zweiten Hälfte des hier betrachteten Textes auf ein mehr oder minder spannendes Tantra-Seminar im Umland verlagert, wird von »München im schweren Sommer« (SN 5 f.) berichtet,[5] konkret von einem »Freikörpergelände« in einem fiktiven »Jakobi-Bad« (SN 5).

Einen Mann im Alter von »sechzig Jahren« (SN 42), von Beruf »Althistoriker« (SN 34), überkommt in der »Freizone« der Badeanstalt das Gefühl, »(a)lle Bindungen, alle erworbenen Eigenschaften, meinen Beruf, meinen Namen, meine gesamte Vergangenheit, auch Schuhe und Strümpfe« (SN 5) ablegen zu können. Im weiteren Verlauf wird dann vor allem in der Sonne gelegen und geglotzt: Der Protagonist Alexander schildert den Nacktbadebereich und seine Stammgäste. Entsprechend gestaltet sich die Erzählung eher handlungsarm, aber reich an anatomischen Einzelheiten. Zugespitzt hieß es in einer Rezension, dass die »ganze erste Hälfte des Romans (…) einer Studie ausgerechnet des männlichen Genitals gewidmet«[6] sei. In einer anderen Kritik ist von einer »genitale(n) Freakshow«[7] die Rede.

Ausführungen über Penisse und auch Vaginen bergen freilich das Risiko, dass sie, wenn nicht als Pornografie, so doch zumindest als einfach nur plumper Pennälerhumor wahrgenommen werden können. In einer wohlgesinnteren Rezension wird demgegenüber herausgestellt, dass Augustin der »Gefahr des genitalen Kalauers (…) fast immer«[8] entgangen sei, was freilich nicht heißt, dass die fortwährenden Hinweise auf primäre Geschlechtsmerkmale wie einen »polierten Hoden« (SN 19) oder einen als »daumenförmige(s) Anhängsel« beschriebenen »Kitzler« (SN 50) sowie die Schilderungen eines »bemerkenswert kleine(n) Geschlechtsorgan(s)« (SN 31) und eines »außerordentlich große(n) Genital(s)« mit »dicke(n) äußere(n) Schamlippen (…) wie zwei Blasebälge« (SN 48) jeglicher Komik entbehren – ein weiterer Rezensent konstatierte, dass sich bei Augustin »der anatomische Blick des frühen Gottfried Benn mit dem treffsicheren Humor von Loriot«[9] vereine. Entsprechend geht es hier um Beschreibungen von Körpern beziehungsweise Körperteilen, die irgendwie komisch sind. Die Leitfrage der vorliegenden kurzen Betrachtung lautet demnach, inwiefern in »Die Schule der Nackten« – eben vielleicht auch über die Ebene des »genitalen Kalauers« hinaus – komische Elemente erkennbar sind.[10]

Wenn sich Alexander dem Liegewiesennachbar, den er als »gebildete(n) Herr(n)« und »etwas Besseres« (SN 30) einschätzt, unbekleidet, aber mit einem – anscheinend doch nicht ganz abgelegten – bürgerlichen Stolz als »Iranologe, Sumerologe, Ishtarologe, Indologe, Tantrologe« (SN 34) vorstellt, mag dies ja tatsächlich in Ansätzen an die Konversation von Herrn Müller-Lüdenscheidt und Herrn Dr. Klöbner in Loriots Sketch »Herren im Bad« (1978) erinnern.[11] Nicht unerheblich ist freilich der Unterschied, dass der Althistoriker mit dem anderen Herrn, der sich später als »Schuldirektor« (128) zu erkennen gibt, hier nicht über den Verbleib eines Quietscheentchens streitet, sondern über den Mann als ein »benachteiligtes Wesen« philosophiert, weil dieser »sein Innerstes, seine Potenz, seine Existenz auf geradezu sträfliche Weise vor sich hertragen« (SN 30) müsse und damit »im Poker der Geschlechter dem anderen Geschlecht völlig preisgegeben« (SN 30–31) sei.

Der Witz wurzelt dabei in dem bildungsbürgerlichen Ernst, mit dem die beiden Akademiker an dieser Stelle über die Möglichkeit beziehungsweise die Gefahr einer Erektion sprechen. Überhaupt basiert die substanzielle Komik in Augustins »Die Schule der Nackten« wesentlich auf dem Gegensatz, der sich daraus ergibt, dass es sich bei demjenigen, der uns hier mit unverhohlener Faszination von den unterschiedlichsten Ausprägungen sekundärer und vor allem primärer Geschlechtsmerkmale berichtet, nicht um einen ungehobelten Teenager handelt, sondern um einen betont bürgerlichen Geistesmenschen mittleren Alters.

Die Angst vor einer plötzlich sichtbaren sexuellen Reaktion hatte diesen Protagonisten bereits eine gewisse Zeit vor dem Gespräch mit dem Schuldirektor ganz persönlich beschäftigt: »Wie, durchfuhr es mich, wenn ich jetzt eine Erektion bekäme, wenn mir etwas widerführe?« (SN 20) Als »Wissenschaftler« (SN 30) kann er die Frage jedoch unpersönlicher und allgemeiner beziehungsweise gar leicht übertrieben grundsätzlich stellen: »Wie ist es möglich, hatte ich mich gefragt, daß ein moderner Mensch in unserem Zeitalter, ausgestattet mit einem Arsenal von Bildung, Disziplin und was weiß ich für übergeordneten Fähigkeiten, daß er diesem Mechanismus völlig ausgeliefert ist.« (SN 29)

Die männliche Erektion als ein nicht durch den Willen des Menschen kontrollierbarer Automatismus – beziehungsweise wie es hier heißt: »Mechanismus« –, als unfreiwillige Bewegung eines Körperteils zwischen Trägheit und Starrheit hat natürlich per se schon sehr viel Komisches.[12] Die Erektion in einem unpassenden Moment ist ein gängiges – man kann wohl schon sagen: klassisches – Motiv der Comedy, und das Freibad ist der prädestinierte Ort für solche »Peinlichkeit(en)« (SN 141),[13] wobei FKK-Bereiche oder auch Tantra-Seminare diesbezüglich nicht unbedingt nachstehen müssen.

In der Regel sind es heranwachsende Charaktere, die sich mit unverhofften und öffentlichkeitswirksamen Erektionen auseinandersetzen müssen.[14] Aus der Perspektive des älteren Herren erzählt und im Rahmen seiner bildungsbürgerlich geprägten und wissenschaftlich angehauchten Betrachtungen können die Beschreibungen der Penisse in ihren Bewegungen vom »hängende(n) Lingam« (SN 171) über ein »leises Schwellen« (SN 30) zu einem letztlich »senkrecht nach oben« (SN 78) stehenden Glied allerdings noch ein bisschen an Komik dazugewinnen. Von Erotik findet sich hier freilich keine Spur, und gleichermaßen unsexy beschreibt Alexander auch Penisse in jenem nicht weniger lächerlichen Zwischenstadium, wenn nach dem »Größerwerden« langsam wieder ein »Kleinerwerden« (SN 30) beziehungsweise die »Schrumpfung« (SN 33) einsetzt.

Zumindest bis die Figur Juliane und mit ihr einige Liebeswirren ins Spiel kommen, bleibt Alexander zu einem Gutteil eine Art FKK-Wissenschaftler. Allerdings ist er kein abgestumpfter Mediziner, wie er einem in den Gedichten des frühen Gottfried Benn begegnet, sondern ein in seinen Betrachtungen merklich von seiner Profession als Althistoriker geprägter[15] Erkunder des Soziotops Nacktbadebereich, den die eigentümlichen sozialen Konstellationen und eben vor allem auch die Vielfältigkeiten des menschlichen Körpers begeistern. Nur angesichts dieser quasiwissenschaftlichen Begeisterung, mehr noch aber aufgrund der darunter erkennbaren Unsicherheiten, kann ihm überhaupt verziehen werden, dass er fortwährend gegen die goldene Regel der Freikörperkultur verstößt, indem er den Umliegenden dreist auf ihre intimen Bereiche spannt, um deren Eigentümlichkeiten herauszustellen.

Als mit den Grundsätzen des Nudismus augenscheinlich wenig vertrauter Neuling fühlt Alexander selbst sich von den Umstehenden »seziert, analysiert, ausgeweidet und geviertelt« (SN 10). Beim Eintritt in den Bereich, in dem schamlose Nacktheit angestrebt wird, tritt er – ganz entgegen seiner Wunschvorstellung, »alles«, das heißt etwa auch »meine gehobene Stellung (…), den Schutz und den Schirm, den Anstand und die Begierde (…) vor allem aber (…) meine Scham« (SN 5), hinter sich zu lassen – reichlich verschämt auf.[16] Während er über die Liegewiese läuft, erscheint ihm sein »einsam hängendes Genital« als »Brennpunkt« und »absolute(r) Fokus« (SN 10).

Ein komischer Kontrast zwischen der Idee einerseits und seiner tatsächlichen Erscheinung andererseits lässt sich erkennen,[17] wenn er seine Unsicherheiten in dieser Situation – passend zu seinem wissenschaftlichen »Spezialgebiet vorderasiatische Frühkulturen« (SN 34) wie zum Vornamen – durch Gedanken an Alexander den Großen und dessen »Statur« bekämpft: Den

Bauch einziehend stellt er sich vor, wie dieser »(s)tark, männlich und ideal (…) durch die Phalanx seiner Feinde« (SN 19) zu schreiten, um kurz darauf von der »große(n), goldgetriebene(n) Sonne« (SN 20) als Zierde in dessen Genitalbereich zu schwärmen. Darüber, wie sein eigener Penis wirklich beschaffen ist, erfährt man freilich kaum etwas.[18] Dafür »analysiert« (SN 10) der Ich-Erzähler zahlreiche fremde Penisse, an denen ihn neben den Regungen zugleich die generellen Größenunterschiede interessieren.

Bei seinen diesbezüglichen Ausführungen lässt sich wiederum der »Herr Professor« (SN 21) heraushören, ein gebildeter und spielerisch denkender Mann, der auf komische, das heißt in dem Maße, in dem sie nicht naheliegend erscheinen, erheiternde Vergleiche zurückgreift: An der Beobachtung, dass eigentlich gar nicht weit entfernt gelegene »Genitalzonen (…) winzige Hämmerchen« (SN 75) aufweisen, liest er eine Föhnwetterlage ab. Ein anderer kleiner Penis lässt ihn an ein »Puppenkännchen« (SN 31) denken, mehr noch aber als auf solche »Hämmerchen« (SN 75) und »Puppenkännchen« (SN 31) richtet sich seine Aufmerksamkeit auf »lange Zipfel (…), unnötige Länge vortäuschend, oder auch ganz lange, in denen anscheinend gar nichts enthalten war« (SN 23). »Ungeheure Prügel« und »fürchterliche Hämmer« (SN 22) bringt er als eine Art Freibadethnologe mit typischen Charakteristika bayerischer Männer und ihrem »schwere(n) Dialekt« zusammen. Die dazugehörigen »Vorhäute« wecken in ihm »die Vision von Schießapparaten« und lassen ihn den »Vergleich von Kartuschen« (SN 23) als naheliegend empfinden. Das Glied eines »wie nach dem goldenen Schnitt« als ein »Torso auf dem Sockel« (SN 77) im Schwimmbecken stehenden Mannes misst seiner Schätzung nach »fast einen halben Meter« (SN 78). Ein weiterer Penis auf einem »aus Unterschenkeln bestehenden Tablett (…) arrangiert« erinnert den Ich-Erzähler an »komplizierte Architektur« (SN 140).

Spätestens wenn derselbe Penis dann deutlich profaner beziehungsweise despektierlicher als eine »braune Wurst« (SN 140) etikettiert wird, kann das eigentlich wesentliche Motiv all dieser Beschreibungen fremder Penisse erkannt werden: Man darf dem Ich-Erzähler eine ausgeprägte Tendenz zum Neid attestieren; mindestens ist ein verstärktes Bedürfnis nach »Schwanzduell(en)« (SN 150) erkennbar.[19] Dass das »in die Annalen der Menschheit« eingehende »Schwanzduell vom 4. September 2002« (SN 150) als solches offensichtlich nur im Kopf des Protagonisten stattfindet, ohne dass mit dem Duellanten, dem zuvor als »Schwanzritter« (SN 143) zum Gegner aufgebauten »Pradhi Rama« (SN 144), die Regularien eines solchen Wettbewerbs vereinbart wurden, lässt Alexander als lächerliche Figur erscheinen – aber auch den diesen Wettbewerb ganz ohne Kommunikation mutmaßlich ebenso wahrnehmenden Pradhi und damit die Spezies Mann an sich.

Um den neidisch wetteifernden Protagonisten vielleicht etwas gnädiger zu beurteilen, kann man sich auf sein Alter berufen. Bei besagtem »Schwanzduell« geht es um die begehrte Frau mit Namen Juliane, aber ebenso um das Konkurrieren mit einem jüngeren Vertreter des eigenen Geschlechts. Auseinandersetzungen mit den Vorzügen der Jugend – beziehungsweise den Problemen des Alters – lassen sich auch an anderen Stellen bemerken: etwa wenn Alexander mit dem Schuldirektor zwei Männer beobachtet, »(b)eide im Verein ihre privaten Teile schwingend, im Gleichschritt, beide in den frühen Dreißigern und sehr gut aussehend. Woraufhin wir, mein Nachbar und ich, längere Zeit schwiegen« (SN 33); oder an der Stelle, an der er bezüglich der Lage eines anderen Gliedes einräumt, dass er das »in (s)einen besten Zeiten (…) nicht fertiggebracht« (SN 140) hätte.

Im Flirt mit der deutlich jüngeren Juliane gibt sich der 60-Jährige als 50-Jähriger aus, um dies kurz danach zu bereuen, »(d)enn ohne weiteres kann ich für Ende Vierzig durchgehen, wenn ich es darauf anlege«, vielleicht sogar für »vierzig« (SN 86). Ein solcher gealterter Mann, der verzweifelt darum bemüht ist, sein eigentliches Alter zu verbergen, und als Lustgreis erscheint, weil er statt um die Gunst des »Klub(s) der alten Frauen« (SN 63) um das »Mädchen Juliane« (SN 87) wirbt, ist natürlich ebenfalls eine klassische Komödienfigur,[20] unter Umständen verdient er aber auch ein gewisses Maß an Mitgefühl.[21]

Letztlich ist Augustins »Die Schule der Nackten« weder ein FKK- noch ein Tantra-Roman. Zusammengehalten werden die beiden Hälften des Textes durch die Auseinandersetzung mit dem Thema der in Gruppen erlebten Nacktheit, vor allem aber durch einen Protagonisten, der mit der jeweils aufgezwungenen Ungezwungenheit spürbare Probleme hat, der bis zur Schlussszene in den eigenen vier Wänden nicht »alles ablegen« (SN 245) kann, der in der »Freizone« (SN 5) spannt und vergleicht und in seinen Betrachtungen seine (Bildungs-)Bürgerlichkeit und sein Alter nicht verbergen kann.

Eine komische Wirkung dieser Betrachtungen kann dabei schon aufgrund der bloßen Nennung von Begriffen wie »Scheide« (SN 165) oder »Schwanz« (SN 107) empfunden werden – jedenfalls gemäß Freud, nach dessen Ausführungen in »Der Witz und seine Beziehung zum Unbewußten« (1905) unser Gefallen an frivolen Witzen daraus resultiert, dass diese einen einfacheren Zugang zu einem sonst doch sozial reglementierten und verdrängten »Genuß der unverhüllten Obszönität« bieten. Bezüglich Augustins Text wohl noch etwas interessanter erscheint freilich, dass Freud die Nuancierung zwischen »einer groben Zote« und einem »feinen obszönen Witz« mit sozialen Gegensätzen und unterschiedlichen Bildungsniveaus verknüpft.[22] Vielleicht ist deshalb bereits mit der Figur des Alexanders eine Vermeidung des bloßen »genitalen Kalauers« verbunden; und wir dürfen, an ihn denkend, bezüglich »Die Schule der Nackten« vom »feinen obszönen Witz« sprechen.

1 Ernst Augustin: »Die Schule der Nackten«, München 2003. Im Folgenden zitiert mit der Sigle »SN« und der jeweiligen Seitenzahl nach der 5. Auflage aus dem Jahr 2004. — 2 Tatsächlich findet sich der Begriff des »Jahrhundertsommer(s)« im Text: »Aber am vierten Tag schien die Sonne immer noch, und wir sollten wohl einem Jahrhundertsommer entgegen gehen.« (SN 29) Im weiteren Verlauf ist allerdings im Kontext eines »Schwanzduell(s) vom 4. Sept. 2002« (SN 150) die Rede. — 3 Julia Encke: »Jeder Venushügel eine Kampfansage. Buch-Rezension«, in: »Süddeutsche Zeitung«, 17.5.2010. — 4 Jan Bürger: »Alexander der Nackte. Ernst Augustin hat den ersten FKK-Roman der Welt geschrieben«, in: »Die Zeit«, 9.10.2003. Dass der Text tatsächlich als »FKK-Roman« gelten darf, würden einige überzeugte Vertreter des Nudismus mit gewichtigen Argumenten verneinen, wobei es freilich nicht nur darum geht, dass lediglich die Handlung der ersten 100 von insgesamt ca. 250 Seiten auf einem FKK-Gelände spielt. Der Protagonist Alexander interessiert sich kaum für die mit der Freikörperkultur üblicherweise verknüpften Grundgedanken wie beispielsweise »die (Rück-)Besinnung auf naturnahe und -gemäße Lebensweise«, vgl. Michael Grisko: »Freikörperkultur und Lebenswelt. Eine Einleitung«, in: Ders. (Hg.): »Freikörperkultur und Lebenswelt«, Kassel 1999, S. 9–42, hier S. 9. — 5 »Die Schule der Nackten« weist auffallend viel Lokalkolorit und zahlreiche lobende Erwähnungen der Stadt München auf. Das sommerliche München wird etwa als »eine exotische Stadt« (SN 27) gepriesen, später geht es um die »Stadt der Kunst, der Wissenschaften, der umfassenden herbstlichen Kulturveranstaltungen, München, Stadt der Geistesbildung« (SN 230). Gezeichnet wird ein Bilderbuchmünchen, in welchem die etwa nach einem »unvergleichliche(n) Gemisch von gekochtem Kraut, Wurstwasser, Rettich und feuchtem Loden« (SN 27) duftet. Zudem wird die Neigung zu einer Literarisierung der Stadt direkt angesprochen: »(E)ines Tages werde ich das alles verdichten und den großen Münchenroman schreiben« (SN 74). In diesen Zusammenhang passt, dass München, insbesondere mit seinem Englischen Garten, mit der Freikörperkultur verbunden wird. Entsprechend erscheint »München als die schamloseste Stadt in Deutschland« (Hajo Steinert: »Er sprach das Mantra, doch sie wollte Tantra«, in: »Die Welt«, 4.10.2003) als naheliegender Schauplatz des Romans. Man könnte den Text demnach ebenso als eine Art »Münchenroman« untersuchen. Demgemäß erschien der Roman auch im Rahmen der von der »Süddeutschen Zeitung« angebotenen Reihe »München erlesen«: Ernst Augustin: »Die Schule der Nackten«, München 2008. — 6 Encke: »Jeder Venushügel eine Kampfansage«, a. a. O. — 7 Jörg Magenau: »Hüllen runter, Distanz rauf«, in: »die tageszeitung«, 23.9.2003. — 8 Wolfgang Schneider: »Ethnologie der Freikörperkultur. Ernst Augustins Roman »Die Schule der Nackten«, in: »Neue Zürcher Zeitung«, 2.12.2003. Weiter heißt es hier: »Klippen der Peinlichkeit werden mit stilistisch-humoristischer Bravour umschifft.« — 9 Bürger: »Alexander der Nackte«, a. a. O. — 10 Zu diesem Zwecke wird am Rande und entsprechend auf unvermeidliche Weise nur oberflächlich auf verschiedene altbewährte Ansätze zur Theorie der Komik – namentlich auf Friedrich Theodor Vischers Habilitationsschrift »Über das Erhabene und das Komische« (1837), Henri Bergsons Essay »Le Rire« (1901, deutsche Ausgabe unter dem Titel: »Das Lachen«, ab 1914), Sigmund Freuds »Der Witz und seine Beziehung zum Unbewussten« (1905) und Luigi Pirandellos »L'umorismo« (1908, deutscher Titel: »Der Humor«) – verwiesen. Eine auf einem einzelnen theoretischen Ansatz basierende Betrachtung des Textes erschien wenig zweckmäßig; ein ausführliches Eingehen auf die verschiedenen ausgewählten Ansätze ist im Rahmen dieses kurzen Aufsatzes kaum möglich. — 11 Vgl. Loriot: »Herren im Bad und sechs andere dramatische Geschichten«, Zürich 2007. In »Die Schule der Nackten« heißt es an dieser Stelle: »Im allgemeinen vermeide ich es, von Titeln Gebrauch zu machen, aber er hatte ja danach gefragt« (34). — 12 Dass die Begriffe »Mechanismus«, »Trägheit« und »Starrheit« herausgestellt werden, erfolgt in Anspielung auf die komiktheoretischen Überlegungen von Henri Bergson, vgl. Bergson: »Das Lachen«, übers. von Julius Frankenberger und Walter Fränzel, Jena 1921. — 13 Vgl. hier etwa eine ganze Reihe von auf dem deutschen Markt mehrheitlich recht erfolgreichen Filmkomödien wie etwa ab 1978 »Eis am Stiel« und die dazugehörigen Fortsetzungen oder »American Pie« (1999) inklusive Folgefilme; außerdem u. a. »Harte Jungs« (2000) sowie die Fortsetzung »Knallharte Jungs« (2002), »40 Tage und 40 Nächte«

(2002), »Sex Up – Jungs haben's auch nicht leicht« (2003) und »Doktorspiele« (2014). In Thomas Pynchons »Gravity's Rainbow« (1973, deutsche Übersetzung: »Die Enden der Parabel«, 1981) bekommt der Protagonist Erektionen, wenn Einschläge deutscher V2-Raketen in London bevorstehen. Alberto Moravias »Io e lui« (1971) wurde 1988 in Deutschland unter dem Titel »Ich und Er« (1988) verfilmt, was wiederum als Inspiration für »Harte Jungs« und »Knallharte Jungs« angeführt wird. Darüber hinaus nehmen unzählige Sketche dieses Motiv auf, und die Fun-Metal-Band J.B.O. thematisiert die »Badehosenbeule« in ihrem Lied »Walk with an erection« (1995). — **14** Vgl. hierzu in »Die Schule der Nackten« die mit Jugenderinnerungen verknüpften Ausführungen darüber, wie »peinlich« einem jungen Mann ein solcher »Ständer« (SN 41) sein müsse. — **15** Diese Prägung wird etwa auch deutlich, wenn er die von ihm begehrte Juliane als »Astarte« und »cyprische Aphrodite« (SN 83) bezeichnet. — **16** Entsprechend verneint er bald die erwünschte Befreiung, sein Standesbewusstsein kehrt zurück: »Im Grunde bin ich ein höchst bürgerlicher Mensch, mache mir da gar nichts vor. Ich bin überhaupt nicht frivol, hatte hier im Freibad keineswegs alles abgelegt, weder meine Bindungen, meine Eigenschaften noch Beruf oder Namen (…).« (SN 40) Bevor er einige knappe Informationen zu seinem Sexualleben gibt, betont Alexander: »Ich bin in geordnete Verhältnisse hineingeboren und entsprechend beerbt worden, ich habe nichts auszuhalten.« (SN 41) — **17** Ausführungen zu einem als komisch wahrgenommenen Kontrast bilden einen wesentlichen Bestandteil zahlreicher Komiktheorien, vgl. u. a. Jean Pauls Ansätze zum Lächerlichen im Gegensatz zum Erhabenen als eine »unendliche Ungereimtheit«, Jean Paul: »Vorschule der Ästhetik«, in: Ders.: »Werke«, hg. von Norbert Miller, München 1973, Bd. 5, S. 114. In der vorliegenden Untersuchung wird – freilich stark verkürzt – konkreter auf die von Friedrich Theodor Vischer in seiner Schrift »Über das Erhabene und das Komische« (1837) ausgeführten Ansätze Bezug genommen. In Vischers Theorie zum Komischen geht es um den »Eintritt eines komischen Kontrasts«, bei dem »die beiden Momente des Schönen, die Idee und die sinnliche Erscheinung« aus dem »Gleichgewichte« geraten: »(D)ie ideale Seite, das Erhabene, wird – und zwar durch einen plötzlichen Druck – hinaufgeschnellt«, Friedrich Theodor Vischer: »Über das Erhabene und das Komische. Und andere Texte zur Ästhetik«, Frankfurt/M. 1967, S. 160 f. — **18** So wird beispielsweise auch nicht aufgeklärt, ob sein Penis im Rahmen des Tantra-Seminars bei einer Betrachtung mithilfe eines Spiegels von unten als »Hirsch, Bär, Büffel«, »Lanzentyp« (SN 196) etc. identifiziert werden kann. — **19** Auch das »Schwanzduell« ist natürlich ein für den Bereich der Comedy prädestiniertes Thema. In den oben angeführten Filmen – »Eis am Stiel« (1978), »American Pie« (1999) etc. – geht es ständig um Längenvergleiche. Von der ebenfalls bereits erwähnten Band J.B.O stammt das Lied »Hose runter« (1997), das den »Schwanzvergleich« in einem Bierzelt beschreibt. — **20** Man denke hier beispielsweise an die Figur des Dorfrichters Adam in Heinrich von Kleists »Der zerbrochene Krug«. Vgl. dazu auch: Elisabeth Frenzel: »Alte, der verliebte«, in: Dies.: »Motive der Weltliteratur. Ein Lexikon dichtungsgeschichtlicher Längsschnitte«, Stuttgart 2008, S. 1–11. — **21** Ganz unsympathisch wirkt Alexander mit seinen Unsicherheiten im Nacktbadebereich und auf dem Tantra-Seminar – trotz seiner Mordgelüste – jedenfalls nicht. Man könnte folglich mit Luigi Pirandellos Essay »Der Humor« (1908) zwischen dem Komischen als bloßer »Beobachtung des Gegenteils« und dem Humoristischen als »Empfindung des Gegenteils« unterscheiden. Luigi Pirandello: »Der Humor. Essay«, in: »Luigi Pirandello-Werkausgabe«, hg. von Johannes Thomas, Mindelheim 1986, Bd. 4, S. 160–162. — **22** Auf die Ebene des Rezipienten bezogen heißt es in Freuds Ausführungen: »Wenn wir über einen feinen obszönen Witz lachen, so lachen wir über das nämliche, was den Bauer bei einer groben Zote lachen macht; die Lust stammt in beiden Fällen aus der nämlichen Quelle; über die grobe Zote zu lachen, brächten wir aber nicht zustande, wir würden uns schämen, oder sie erschiene uns ekelhaft; wir können erst lachen, wenn uns der Witz seine Hilfe geliehen hat.« Sigmund Freud: »Der Witz und seine Beziehung zum Unbewußten«, Frankfurt/M. 1992, S. 24.

Stefan Neuhaus

Humoristische Skizzen über die Glücks- und Unglücksfälle des Lebens

Ernst Augustins »Der Künzler am Werk«

> »Der Künstler geht auf dünnem Eis.
> Erschafft er Kunst? Baut er nur Scheiß?«[1]
> Robert Gernhardt

> »Auch sonst stimmte gar nichts.«[2]
> Ernst Augustin

Wie alle anderen Werke Ernst Augustins entzieht sich auch »Der Künzler am Werk« von 2004 einer genauen Einordnung und Festlegung,[3] selbst wenn man wegen der Erstveröffentlichung einiger Texte in der »Süddeutschen Zeitung« zunächst ganz allgemein von ›Feuilletons‹ sprechen könnte,[4] von im weiteren Sinn essayistischen Artikeln für den Kulturteil einer Zeitung. Augustin orientiert sich allerdings, und das wohl ganz bewusst, nicht an gängigen Mustern. Nimmt man die vom Verlag gewählte Bezeichnung »poetischer Journalismus« (Klappentext) ernst, dann soll dieses Oxymoron und dann sollen die Texte sowohl an Traditionen der fiktionalen Literatur als auch des journalistischen Feuilletons anknüpfen. Deshalb lohnt es sich, kurz auf die Geschichte und die Unterschiede der hiermit angesprochenen Textsorten einzugehen.

Literatur und Journalismus haben die gleichen Wurzeln. Im 18. Jahrhundert gab es noch keine nennenswerte Differenz auf der Seite der Produktion, wenn man einmal von dem bloßen Berichten über wichtige Tagesereignisse absieht, mit dem sich Autoren der ›schönen‹ Literatur nicht abgaben. Solche Schriftsteller verfassten aber in der Regel die meinungsbezogenen Texte für Zeitungen und Zeitschriften. Literatur- und Kulturzeitschriften spielten für die Entstehung der bürgerlichen Öffentlichkeit im 18. und 19. Jahrhundert eine ganz entscheidende, vielleicht sogar *die* entscheidende Rolle. Erst im Zuge der Ausdifferenzierung der modernen Gesellschaft entwickelten sich zwei verschiedene Bereiche, je nach Terminologie kann man etwa auch von Systemen (Niklas Luhmann), Feldern (Pierre Bourdieu) oder Diskursen (Michel Foucault) sprechen.

Da für Literatur die ständige Grenzverletzung konstitutiv ist (Volker Ladenthin hat dies am Beispiel von Literaturskandalen nachgewiesen),[5] kommt es aber immer wieder zu Grenzüberschreitungen, zu Interferenzen, etwa durch Peter Handke, um ein prominentes Beispiel zu nennen. Rubrizierungen fallen dann schwer, wie der folgende Versuch der Einordnung eines von Handke publizierten Texts zeigt: »Der Text von Peter Handke, der den Titel ›Die Aufstellung des 1. FC Nürnberg vom 27.1.1968‹ trägt, gehört zur Gattung Lyrik. Als Teilelement des literarischen Systems schließt das Gedicht an andere literarische Kommunikationen an und steht literaturwissenschaftlichen Interpretationen zur Verfügung. Konsens über die Zurechnung der Aufstellung zum Literatursystem besteht im literaturbezogenen Diskurs nicht. Bei dem Text aus der Sportzeitschrift ›Kicker‹ handelt es sich um ein Element des journalistischen Systems.«[6] Das stimmt und es stimmt auch wieder nicht. Ob der Text zur Gattung Lyrik gehört, ist höchst zweifelhaft, wenn man als Mindestvoraussetzung für die Gattungszugehörigkeit die Versstruktur ansieht.[7] Die grafische Anordnung des Texts als Versform zu bezeichnen, ist wenig nachvollziehbar und auch zur Konkreten Poesie, die mit anderen, sinnhaften grafischen Strukturen arbeitet, ist keine Nähe feststellbar. Handke hat es mit dieser – seither durch die Einführungskurse in die Neuere deutsche Literaturwissenschaft geisternden – Übernahme der Aufstellung einer Fußballmannschaft in eine Sammlung überwiegend fiktionaler Texte vermocht, einen Solitär zu produzieren, der zeichenhaft und provokativ die grundsätzliche Literarizität von allen Texten behauptet, die in einen entsprechenden Kontext gestellt werden. Parallelen zur modernen Kunst zu ziehen, wäre leicht. Auch hier entscheiden, man denke an das Werk von Joseph Beuys, der Name des Urhebers und der Kontext, in den ein Kunstwerk gestellt (z. B. gerahmt, in einem Museum gezeigt) wird, über die Zuordnung.

Augustin selbst (ob mit oder ohne Beratung durch den Verlag, sei dahingestellt) hat der Textsammlung den Untertitel »Eine Menagerie« gegeben, die Dudenredaktion nennt als Synonym »Tierschau«. Auch das ist paradox, handeln die Texte doch von Menschen, nicht von Tieren. Vielleicht haben wir es mit einem Verweis auf die von Kurt Tucholsky und John Heartfield gestaltete Collage mit dem Untertitel »Tiere sehen dich an« zu tun, 1929 in dem Band »Deutschland, Deutschland über alles« erschienen.[8] Die Collage versammelt Porträts von seinerzeit bedeutenden Politikern und Militärs, also von Menschen, deren unmenschliches Verhalten auf diese plakative Weise kritisiert werden soll. Augustins kritischer Impetus ist wesentlich subtiler, allerdings haben sich auch die Zeiten geändert. In der Postmoderne gibt es kaum noch klare Fronten und Feindbilder.

Die kurzen Vergleiche sollten gezeigt haben, dass Augustin mit der paratextuellen Verortung seiner Textsammlung nicht so radikal wie Handke oder Tucholsky vorgeht, dass er aber durchaus, womöglich auf absichtsvoll subtilere Weise – dies wird noch zu erörtern sein –, gängige Klassifikationsschemata unterläuft.

Auch wenn eine Rubrizierung unter ›Feuilletons‹ einleuchtet, lässt sich aus literaturwissenschaftlicher Sicht am besten von ›Erzählungen‹ sprechen, da die einzelnen Texte, außer in einem ganz allgemeinen oder manchmal auch in einem vermutlich autobiografischen Sinn, keine erkennbaren Bezüge zu realen Ereignissen haben und es, wie wir sehen werden, Überschneidungen zu Augustins Romanwerk gibt.

Die Sammlung von Erzählungen ist in vier Großkapitel gegliedert, die Gliederung ist asymmetrisch und folgt dennoch einer eigenen Logik der Steigerung: Das erste Großkapitel »Überleben in Deutschland« versammelt sechs Erzählungen, das zweite »Die weite Welt und das Geld« sieben, das dritte »Kunst kommt von Können« acht und das vierte und letzte ist eigentlich kein Großkapitel mehr, sondern eine einzelne Erzählung (»Sommerlicher Tod in Arlbeck«).

Nicht nur »Überleben in Deutschland« erinnert an eine Artikelüberschrift, noch deutlicher wird der behauptete Bezug zum Journalismus durch den Titel der ersten Erzählung: »In Zeiten erhöhter Kriminalität«. Dem Text ist sogar ein Auszug aus der »Dithmarsche(n) Volkszeitung vom 27.12.1998« vorangestellt, in dem von einem »traurigen Rekord« an »Einbrüchen, Diebstählen und Betrugsdelikten« in der »Vorstadt Barmener Heide« die Rede ist. Der Anfang der Erzählung bricht aber gleich mit diesem journalistischen Auftritt: »Die Kriminalpolizei rät. – Mir hat sie ausführlich und gut geraten« (KW 9).

Der Gegensatz zwischen möglichst objektivierter, objektiver Berichterstattung und subjektivem, diegetischem Ich-Erzähler wird flankiert von einem Ortswechsel – die Handlung spielt nicht im hohen Norden, sondern ganz im Süden Deutschlands, in Obermenzing, einem Ortsteil von München. Nach der Lektüre wird deutlich: Wir haben es mit einer humoristischen Erzählung zu tun und der Verdacht liegt nahe, dass die bereits erwähnten Kontraste letztlich dazu dienen, die Komik des Texts zu unterstreichen. Entsprechend endet der Text auch mit einer Pointe. Der Ich-Erzähler namens Enzinger hat sein Haus nach neuesten, genau beschriebenen Methoden einbruchsicher gestaltet und steht plötzlich draußen, weil die Haustür aus Versehen hinter ihm ins Schloss gefallen ist, in dem von innen ein Schlüssel steckt. Wie gründlich die Sicherheitsvorkehrungen ausgefallen sind, zeigt sich erst im Laufe der Erzählung, die damit endet, dass der Ich-Erzähler, zufrieden mit seiner Leistung, aber für immer ausgeschlossen aus seinem Haus, »auf Dauer« ins Hotel umzieht (KW 18).

Die eine bedeutende Rolle spielende, überall hervorblitzende Komik der Textsammlung hat dazu geführt, dass sie Albert von Schirnding in der »Süddeutschen Zeitung« zum »bestgelaunte(n) Buch des Jahres« ernannt hat.[9] Auch Ulrich Rüdenauer, dessen Besprechung in der »Frankfurter Rundschau« erschienen ist, befindet, hier sei »ein heiterer Künstler am Werk«.[10] Die Komik entsteht vor allem durch Übertreibung. Das Journalistische der Texte besteht darin, dass sie sich Alltagsphänomenen widmen, die allerdings, und hier beginnen die gravierenden Abweichungen von den Textsorten der Printmedien, stets ins Skurrile, Bizarre und Hypertrophe gewendet oder gesteigert werden, in ihren spezifischen Ausprägungen also alles andere als alltäglich sind. In den Worten von Hendrik Weber, der die Textsammlung für die Tageszeitung »Die Welt« besprochen hat: »Alltagsbeobachtungen verdichtet Augustin hier zu feuilletonesken Miniaturen, getragen von einem satirischen Gestus, der seinen Sujets indes nie despektierlich gegenübertritt, sondern sie sanft denunziert.«[11]

Der zweite Text, »Teurer Spaß«, nimmt die Heizölpreise zum Anlass, diverse Möglichkeiten kreativen Energiesparens durchzuspielen; dem Text vorangestellt ist ein Auszug aus der Rechnung einer »Mineralölhandelsgesellschaft« (KW 19). Wie der Ich-Erzähler des ersten Texts übertreibt auch der des zweiten seine Reaktion auf zeitgenössische Entwicklungen. Und wie diese beiden nehmen auch die Ich-Erzähler (nur in wenigen Ausnahmen geht es nicht um ein Ich und seine Erfahrungen) der weiteren Erzählungen das, was über die Massenmedien an Entwicklungen und Neuerungen an sie herangetragen wird, so ernst, dass dadurch Komik entsteht. In »Einkaufspraktiken« wird die Aufhebung der Preisbindung zum Anlass genommen, an der Supermarktkasse in Verhandlungen über den Kaufpreis der Waren einzutreten (vgl. KW 29 f.). Die Nachricht vom steigenden Meeresspiegel stellt in »Die Flut kommt« den Grund eines Auswanderungsversuchs dar, der aber nicht von Erfolg gekrönt ist, da der Ich-Erzähler, diesmal ein offenbar als Alter Ego konzipierter »Onkel Augustin« (KW 68), feststellen muss, dass die Bewohner angeblich vom Untergang bedrohter Inseln den Ernst der Lage, so es ihn denn überhaupt gibt, noch nicht erkannt haben. Sie wollen dem Onkel Augustin ihre Inseln nicht für einen Spottpreis verkaufen.

Der alltagskritische, eigentlich ethnologische oder sogar ethnografische Blick wird durch die Übertreibungen noch deutlicher und nicht selten wird die Grenze zur Satire überschritten. In »Der Eid des Hippokrates« wird eine Ohrspülung durch die Rundumbehandlung des Arztes zu einer ebenso zeitaufwändigen wie kostspieligen Angelegenheit. Wer hätte nicht schon einmal die Erfahrung gemacht, dass ein Arzt vorzugsweise an der Geldbörse seines Patienten operiert? In »Musik des Herzens« findet sich eine fast drei Seiten lange Auflistung der Titel von Volksmusiksendungen im Fernsehen. Wenn das nun der »deutsche Beitrag« (KW 165) zur Film- und Fernsehkultur ist, dann bleibt dem Ich-Erzähler, der trotz alledem nicht resignieren möchte, nur noch ein Haindling-Zitat: »Seid's freindlich« (KW 168).

Andere Erzählungen bestätigen nicht bereits bestehende Annahmen (soweit man in der Übertreibung eine Bestätigung sehen kann, vielleicht werden solche Annahmen ja auch nur zur Disposition gestellt), sondern widerlegen Vorurteile und Klischees, beispielsweise wenn sich in »Schwarze Buchmesse« Simbabwes Hauptstadt Harare nicht erwartungsgemäß als Hort der Kriminalität, der Armut und des Siechtums, sondern als freundliche, weltoffene Metropole entpuppt. Anders als in Westeuropa werden dort sogar noch bildungsbürgerliche Ideale hochgehalten, etwa folgende Vorstellung: »Daß Lesen noch hilft.« (KW 89) Auch Hongkong will sich so gar nicht als Stadt zeigen, die nach der Loslösung von England durch China unterjocht und in ihrer Entwicklung weit zurückgeworfen worden ist (vgl. KW 93).

Allerdings finden sich ebenso Erzählungen, die keine gesellschaftskritischen Absichten erkennen lassen. »Ich klage an« widmet sich dem für Fußgänger lebensgefährlichen Verhalten von über Bürgersteige rasenden Radfahrern, allerdings aus der Sicht eines älteren Mannes, der einen ebensolchen Radfahrer unter Zuhilfenahme seines Stockschirms ins Krankenhaus befördert hat (vgl. KW 56). Anders als das im Titel anklingende Vorbild Émile Zola kann der Ich-Erzähler wohl nicht für sich in Anspruch nehmen, eine zentrale Fehlentwicklung der Gesellschaft diagnostiziert zu haben.

An Position elf der 22 Erzählungen, also in der Mitte, befindet sich, was kein Zufall sein dürfte, eine kurze Erzählung mit dem Titel »Glücklich«, in der ein Ich-Erzähler, der die Tropen liebt, sich den Münchner Winter verschönert, indem er alle im Supermarkt kurzzeitig erhältlichen Bananenbäume kauft, 53 an der Zahl: »Ich habe das Zimmer ganz entrümpelt, alle Möbel auf den Korridor gestellt, bis auf einen einzigen Stuhl. Auf dem ich sitze und von Herzen glücklich bin.« (KW 107)

Das skizzierte Übertreibungsmuster der Sammlung von Erzählungen mündet, was für die Vielschichtigkeit des Bandes spricht, nicht nur in Situationen von skurriler Komik, sondern auch in dystopische Momente, zum Beispiel wenn ein Ich-Erzähler beim Bahnfahren beobachtet, dass junge Leute nicht mehr, wie früher, für alte Mitmenschen aufstehen, sondern deren Gebrechlichkeit ignorieren. Die Komik entsteht durch die Erwartungshaltung des Ich-Erzählers, der auf einen Akt ausgleichender Gerechtigkeit gehofft hatte, um nun selbst im Alter in den Genuss bevorzugter Behandlung zu kommen. Wieder wird ein Bezug zu der, durch die Massenmedien gefilterten, zeitgenössischen Realität hergestellt: »Das übrigens war der Tag, an dem ich fast nebenher in der Zeitung las – ich glaube, es war in der ›Süddeutschen‹ –, daß sie (die jungen Leute, Anm. d. Verf.) uns keine Rente mehr zahlen wollen. Wozu auch.« (KW 40)

Der ethnografische Blick und die Übertreibungen werden nicht selten mit Reflexionen gekoppelt, die auf dem schmalen Grat zwischen Clownerie und tieferer Erkenntnis – oder auch genau in deren Schnittmenge – angesiedelt sind. Die entsprechenden Sentenzen haben ihre eigene Logik: »Ich habe Tourismus nie verstanden. Wieso legt jemand riesige Strecken zurück, um dann wieder abzufahren. Welchen Sinn soll es haben, sich an einen anderen Ort zu begeben, wenn man dort nicht bleiben will. Ich für meinen Teil wandere jedesmal aus, wenn man mich lässt.« (KW 75 f.) Es kann sich aber auch um plötzlich ganz unironisch daherkommende Feststellungen handeln: »Da lassen wir Kulturmenschen uns von den Medien zukleistern, um möglichst nur noch zu verdauen (möglichst bereits Verdautes), während man anderswo (in diesem Fall: Harare in Simbabwe, Anm. d. Verf.) anscheinend hellwach geworden ist. Oder um mich deutlicher auszudrücken, ich spreche von der Fähigkeit der Seele, und es geschieht mit einem gewissen Neid. Ich spreche von einer Zukunft.« (KW 91)

Es ist bereits angeklungen, dass sich in den Erzählungen intertextuelle Anspielungen auf andere Texte finden lassen, die auffälligsten Beispiele sind wohl die Kapitelüberschriften von »Ich klage an«, hier hat Émile Zolas berühmter Artikel »J'accuse« (1898) Pate gestanden, und »Sommerlicher Tod in Arlbeck«, ein ironisches Gegenstück zu Thomas Manns »Der Tod in Venedig« (1912). In der Anlage des Bandes könnte man auch Parallelen zu Sammlungen von satirischen Erzählungen wie Heinrich Bölls »Dr. Murkes gesammeltes Schweigen« (1958) sehen. Dazu kommen intratextuelle Anspielungen, wenn ich hier diesen Begriff auf das weitere Werk Augustins beziehen darf. Die Fabel von »Aufbruch ins Unbekannte« erinnert sehr an die Reisemotivik in Romanen wie »Der amerikanische Traum« (1989) oder »Robinsons blaues Haus« (2012). Die Erzählung »Die Versuchung des Augustin« gibt sich sogar als Vorgeschichte des Romans »Gutes Geld« (1996) aus (vgl. KW 146). Die Verwandtschaft zu diesem Roman ist wohl am größten, denn aus ihm stammen noch andere Episoden. Die Ähnlichkeit zu »Ich klage an« (KW 49) ist unverkennbar, wenn die Romanfigur Augustin Fajngold, Onkel des Erzählers, einen ebenfalls den Bürgersteig beanspruchenden Radfahrer mithilfe seines Spazierstocks zu Fall bringt.[12] Der Erzählung »Nur ganz schlechte Filme« entspricht, bis in die Einzelheiten und die Wortwahl (der größte Teil ist wortidentisch), eine längere Episode aus dem Leben des Onkels in »Gutes Geld«,[13] nur dass die Binnengeschichte einmal aus der Ich- und einmal aus der Er-Perspektive erzählt wird.

»Der Preisträger« ist die Dankesrede des Autors Ernst Augustin für die Verleihung des Literaturpreises der Stadt München im Jahr 1999. Sie beginnt zwar ironisch: »Jetzt fühle ich mich eingebürgert. Ich bekomme einen Münchner Preis – für den ich mich herzlich bedanke –, und alle Strapazen sind vergessen. Nach vierzig Jahren« (KW 147), wird dann aber doch zu einer Liebeserklärung an die Stadt, natürlich zu einer voll bizarrer Komik.

Mit Blick auf solche Bezüge lässt sich feststellen: Wie in alle Werke Augustins ist auch in dieses viel von dem Leben und den Erfahrungen des Autors eingegangen, ohne dass immer genau zu sagen wäre, wo die Trennlinie zwischen Autobiografischem und Fiktionalem verläuft. Die Klage in »Das blutige Herz Afghanistans« beispielsweise dürfte durchaus auf Augustins Aufenthalte in diesem Land zurückgehen. Manche Ich-Erzähler könnten deckungsgleich mit dem Autor sein, andere sind erkennbar fiktionalisiert, auch durch andere Namen, und am anderen Ende des Spektrums finden sich Figuren wie Alfons Kunz in der titelgebenden Erzählung »Der Künzler am Werk« – durch den Namen erklärt sich der Neologismus in der Überschrift, die Erzählung ist eine satirische Fallstudie über moderne Kunst. Auch der Literaturbetrieb wird aufs Korn genommen, in »Der Lieferungsroman / Achtunddreißigste Lieferung«. Ein reicher Herr Wische lebt mit seiner Familie in Bukarest und sperrt sich selbst aus. Er wird aber nicht mehr als Hausherr erkannt, selbst seine Frau und Töchter verleugnen ihn, sodass er in ein »Asyl« gebracht wird. Er selbst hat eine zweifelhafte Vergangenheit und hält ein »Komplott« für möglich (KW 185). Doch genau hier bricht der fragmentarische Fortsetzungsroman ab. Der Leser wird absichtsvoll mit der Frage allein gelassen, welche Geheimnisse hinter der angenommenen Identität des Protagonisten und dem merkwürdigen Verhalten der Familie stecken.

Im Mittelpunkt von Augustins Werk und eben auch im Zentrum dieses Bands mit Erzählungen, die in der Verkleidung von Feuilletons daherkommen und ihre Verwandtschaft mit Satiren oder besser: mit Travestien nicht leugnen können, steht eine besondere Art der Wahrnehmung, wie sie in der deutschsprachigen Literatur bereits E.T.A. Hoffmann gestaltet und Franz Kafka weltberühmt gemacht hat. Geschildert werden die Erfahrungen, die ein Subjekt mit seiner Umwelt macht, meist aus der Perspektive eines Ich, wobei die Umwelt ganz subjektiv wahrgenommen wird und einen originellen, phantasievollen, nicht selten hypertrophen, manchmal auch (in einem allgemeinen Sinn) hypochondrischen oder sonst wie unüblichen Anstrich erhält. Oft ist es das Ich, das sich seine Welt erfindet, wobei nicht immer zu sagen ist, was auch innerhalb der Fiktion als erfunden gelten kann oder beispielsweise ›nur‹ übertrieben wurde.

In Analogie zum Begriff des Schelmenromans könnte man von Schelmengeschichten oder von Schelmenerzählungen sprechen. Es wird mit der eigenen Identität und mit fremden, fiktionalen, aber oft auch durchaus realistischen Identitäten gespielt, wobei Mücken liebevoll zu Elefanten vergrößert werden, um daraus wiederum Rückschlüsse auf die Mücken, also auf die Besonderheiten der Figuren und ihre Probleme mit ihrer Umwelt zu ermöglichen. Das scheinbar Normale entpuppt sich als eigentlich vollkommen unnormal, als Setzung oder Zuschreibung, die beim näheren Hinsehen lächerlich oder willkürlich erscheint. Manchmal ist es die Figur, die ihre Welt aus den Fugen geraten lässt, manchmal ist es die Umwelt, die von der Figur zu ernst genommen wird – in beiden Fällen entsteht Komik.

Augustin kombiniert einen ethnologischen Blick mit einer Übertreibungstechnik. Auf diese Weise entstehen neue und ungewohnte Perspektiven auf das Alltägliche, es entstehen neue Wahrnehmungen, die das Merkwürdige, das Bizarre, das Komische des Alltags zum Vorschein bringen. Bekannte Orte erscheinen als fremd und fremde Orte als seltsam vertraut. Lutz Hagestedt hat es einmal so formuliert: »Ein anderer Kulturkreis, ein anderes Verhältnis zu den Dingen, eine veränderte Einstellung zur Wahrnehmung – und schon ergeben sich ungeheure Verschiebungen und Möglichkeiten.«[14] Hinzuzufügen ist, dass bei Augustin auch der Blick auf die eigene Kultur, durch die von ihm klug eingesetzten Komisierungs- und Verfremdungstechniken, solche »ungeheure(n) Verschiebungen und Möglichkeiten« offenbart.

Anders als bei Kafka, in dessen Tradition man diese Technik der Verfremdung stellen kann, kippen die Erzählungen nie ins existenziell Bedrohliche um, selbst wenn, wie am Schluss des letzten Textes, der Ich-Erzähler buchstäblich den Boden unter den Füßen verliert und im Meer landet. Wie es weitergeht, weiß er nicht und folglich der Leser auch nicht. Der Text und damit die Sammlung entlässt den Leser mit den Worten: »Ich warte.« (KW 215) Das Ende des Textes ist da, aber noch lange nicht das Ende der Möglichkeiten.

1 Robert Gernhardt: »Alles über den Künstler«, in: Ders.: »Reim und Zeit. Gedichte. Mit einem Nachwort des Autors«, Stuttgart 1999, S. 118. — **2** Ernst Augustin: »Der Künzler am Werk. Eine Menagerie«, München 2012, S. 87. Im folgenden Text wird der Band abgekürzt zitiert mit der Sigle »KW« und Seitenzahl. — **3** Zu Augustin und seinem Werk vgl. einführend Lutz Hagestedt / Nicolai Riedel: »Ernst Augustin«, in: »Kritisches Lexikon zur deutschsprachigen Gegenwartsliteratur«, URL: http://www.nachschlage.NET/document/ 6000000021, abgerufen am 7.1.2014. — **4** Nachgewiesen werden konnten die nachfolgend aufgeführten Vorabdrucke (die Artikel finden sich im Innsbrucker Zeitungsarchiv / IZA); die Nachweise erfolgen chronologisch nach Erscheinungsdatum; auf von Augustin vorgenommene kleinere Überarbeitungen für die Buchveröffentlichung kann an dieser Stelle nicht eingegangen werden, mir sind bei der Durchsicht, abgesehen von in der Buchausgabe ergänzten Motti, keine größeren Veränderungen aufgefallen (in Klammern die Kapiteltitel aus dem Buch): »Meine Damen und Herren, …« (»Die Flut kommt«), in: »Süddeutsche Zeitung / SZ-Magazin«, 24.3.1995; »Ein weißer Teufel in der dritten Dimension. Nachgedanken zu einer Reise nach Hongkong um fünf vor zwölf« (»Abgesang an Hongkong?«), in: »Süddeutsche Zeitung«, 7. / 8.5.1997; »Die Rache des Fußgängers. Wider die Fahrradfahrer oder Wie einer sein Leben rettet« (»Ich klage an«), in: »Süddeutsche Zeitung«, 31.3.1998; »In Zeiten erhöhter Kriminalität. Über die Kunst, sich mit allen erdenklichen Mitteln in Sicherheit zu bringen« (»In Zeiten erhöhter Kriminalität«), in: »Süddeutsche Zeitung«, 9. / 10.1.1999; »Eine gewisse Art Indien. Dankrede anläßlich der Verleihung des Literaturpreises der Stadt München« (»Der Preisträger«), in: »Süddeutsche Zeitung«, 6.7.1999; »Musik des Herzens. Der endgültige deutsche Beitrag« (»Musik des Herzens«), in: »Süddeutsche Zeitung«, 17. / 18.7.1999; »Lasst den Alten stehen! Sentimentale Anmerkungen zum Generationenvertrag« (»Generationenvertrag«), in: »Süddeutsche Zeitung«, 25.8.2000; »Das blutige Herz Afghanistans. Trauerrede eines Arztes im Land von Schutt, Geröll und Wüste«, in: »Süddeutsche Zeitung«, 13.11.2001. — **5** Vgl. Volker Ladenthin: »Literatur als Skandal«, in: Johann Holzner / Stefan Neuhaus (Hg.): »Literatur als Skandal. Fälle – Funktionen – Folgen«, Göttingen 2007, S. 19–28. — **6** Bernd Blöbaum: »Literatur und Journalismus. Zur Struktur und zum Verhältnis von zwei Systemen«, in: Ders. / Stefan Neuhaus (Hg.): »Literatur und Journalismus. Theorie, Kontexte, Fallstudien«, Opladen 2003, S. 23–51, hier S. 23 f. Vgl. auch den Abdruck des Primärtexts in: Peter Handke: »Die Innenwelt der Außenwelt der Innenwelt«, Frankfurt / M. 1969, S. 59. — **7** Vgl. etwa Dieter Burdorf: »Einführung in die Gedichtanalyse«, Stuttgart, Weimar 1995, S. 20 f. — **8** Kurt Tucholsky: »Deutschland, Deutschland über alles. Ein Bilderbuch. Montiert von John Heartfield«, Reinbek 1996, S. 63. — **9** Albert von Schirnding: »53 Bananenbäume. Ernst Augustins Reisen und Reden: ›Der Künzler am Werk‹«, in: »Süddeutsche Zeitung«, 4.1.2005. — **10** Ulrich Rüdenauer: »Grüne Dämmerung. Ernst Augustins kleine Prosa entwöhnt uns angenehm des Alltags«, in: »Frankfurter Rundschau«, 24.11.2004. — **11** Hendrik Weber: »Die Versuchungen des Dr. A.«, in: »Die Welt«, 4.12.2004. — **12** Vgl. Ernst Augustin: »Gutes Geld. Roman in drei Anleitungen«, Frankfurt / M. 1997, S. 63. — **13** Vgl. ebd., S. 37–41. — **14** Lutz Hagestedt: »Die Siebensachen des Erzählers. Nachwort«, in: Ernst Augustin: »Die sieben Sachen des Sikh. Ein Lesebuch«, hg. und mit einem Nachwort versehen von Lutz Hagestedt, Frankfurt / M. 1997, S. 297–305, hier S. 305.

Martin Rehfeldt

Häuser, Menschen, Abenteuer

Zur Verschränkung von Architektur, Psychologie und Literatur
in Ernst Augustins Romanen »Raumlicht. Der Fall Evelyne B.« und
»Robinsons blaues Haus«

Ernst Augustins Romane »Raumlicht. Der Fall Evelyne B.« und »Robinsons blaues Haus« sind beide als ›fiktive Autobiographien‹[1] gelesen worden. Der Aspekt des Autobiografischen lässt sich dabei am deutlichsten ganz materiell an einem in beiden Romanen beschriebenen Raum festmachen: dem Haus in der Münchener Orffstraße, das das Ehepaar Augustin seit Langem bewohnt. In »Raumlicht« wird es inklusive der genauen Lage detailliert beschrieben, in »Robinsons blaues Haus« ist zumindest die Inneneinrichtung eines Zimmers daraus wiederzuerkennen.[2]

In beiden Büchern verbindet Augustin Wissen aus seinem erlernten und ausgeübten Beruf, dem des Psychiaters, mit Vorstellungen aus seinem Wunschberuf,[3] dem des Architekten: Die beschriebenen Räumlichkeiten stehen in Bezug zu psychischen Zuständen. Damit stehen diese Romane in einer langen, nicht nur literarischen Tradition. Schon in der antiken Rhetorik wurde als Mnemotechnik gelehrt, sich eine Rede als Haus zu denken, das man im Verlauf des Vortrags durchschreitet.[4] Häufiger als eine solche Verbindung von Architektur und bewussten kognitiven Abläufen findet sich aber eine Assoziation von Gebäuden gerade mit unbewussten psychischen Prozessen: Speziell Keller, unterirdische Gänge, Bergwerksschächte oder, als nicht von Menschen geschaffene Variante, Höhlen fungierten, besonders in romantischen Texten, oft als Setting für die Konfrontation des Protagonisten mit verdrängten Ängsten oder Wünschen. Doch auch der oberirdische Teil eines Hauses kann entsprechende Räume beherbergen wie etwa die Kammer in Blaubarts Schloss, die der goldene Schlüssel öffnet. Und schließlich kann natürlich schon das Äußere eines Hauses Aufschluss über seine Bewohner geben – das prominenteste literarische Beispiel hierfür dürfte wohl das Anwesen in Edgar Allen Poes Erzählung »The Fall of the House of Usher« – die in »Raumlicht« erwähnt wird[5] – sein: Dort verknüpft bereits die Mehrdeutigkeit des Titels das Adelsgeschlecht der Ushers mit ihrem Stammsitz, durch den sich ein breiter Riss zieht, an dem entlang das Gebäude am Ende der Geschichte auseinanderbricht, nachdem sich die letzten beiden Ushers, gemischtgeschlechtliche Zwillinge, gegenseitig in den Tod getrieben haben.

Bereits diese wenigen Beispiele geben einen Eindruck davon, in wie vielfältiger Weise die Beziehung zwischen Architektur und Psyche ausgestaltet werden kann. Eine grundlegende Unterscheidung kann dahingehend getroffen werden, ob ein Raum in der innerfiktionalen Realität rationale Rückschlüsse auf seinen Bewohner zulässt oder ob er das Innere seines Bewohners eher symbolisch repräsentiert (wie dies auch bei Landschaftsschilderungen in Form sogenannter ›Seelenlandschaften‹ der Fall ist). Während die symbolische Entsprechung typisch für Orte ist, an die der Protagonist (scheinbar) zufällig gelangt (z. B. Höhlen, Ruinen, verlassene Gebäude), liegt eine innerfiktionale Psychologisierung dann nahe, wenn der Bewohner seine Behausung selbst erbaut, als Wohnort ausgewählt oder zumindest eingerichtet hat. Der Stammsitz der Ushers fällt in beide Kategorien: Zum einen lassen der Zustand des Gebäudes und sein Interieur natürlich Rückschlüsse auf den Lebensstil des zurückgezogenen Geschwisterpaars zu, das ja auch Renovierungsmaßnamen veranlassen oder wegziehen hätte können; zum anderen stellt speziell der Riss im Gebäude auch eine symbolische Vorausdeutung auf den in ihren Untergang führenden Geisteszustand der Schlossbewohner dar.

Doch ein Raum kann nicht nur über die psychische Verfassung seiner Bewohner Aufschluss geben, sondern diese auch, ebenso wie die von Besuchern, beeinflussen. Die Gestaltung von Räumen zu Repräsentationszwecken etwa nutzt den schon beschriebenen Rückschluss von Räumen auf ihre Bewohner bewusst. Auch Labyrinthe und Spiegelkabinette, die der Desorientierung dienen, stellen Beispiele für den Versuch dar, mittels (Innen-)Architektur bestimmte Wirkungen auf Besucher zu erzielen.

»Raumlicht. Der Fall Evelyne B.«

Der Roman »Raumlicht. Der Fall Evelyne B.« beginnt mit der Schilderung des erwähnten Hauses in der Orffstraße. In einer Zoombewegung wird zunächst kurz das Viertel charakterisiert, dann die Größe des Hauses genannt, nach dem Vorgarten die Fassade beschrieben, schließlich ein Fenster, hinter dem der Erzähler Bücher schreibe, »die ursprünglich immer den einen Titel tragen sollten: die Entdeckung der Schizophrenie« (RL 8). Damit sind die Themen Architektur, Psychologie und Literatur eingeführt. Anschließend wird die Behandlung einer Frau, die den Erzähler in seiner Eigenschaft als Psychiater aufsucht, beschrieben. Die Therapie bildet den Rahmen für Berichte des Erzählers aus seinem früheren Leben als Arzt, unter anderem an der Berliner Charité und in Afghanistan, sowie als Reisender in Indien. Ein zentrales Element seiner therapeutischen Vorgehensweise besteht in den Wirkungen, die die einzelnen Räume seines Hauses auf die Patientin haben. Zunächst soll sie durch den »Eindruck absoluter Mittelmäßigkeit« (RL 10), der mittels des Mobiliars erzeugt wird, in ihren Erwartungen an eine psychiatrische Praxis enttäuscht und dadurch verunsichert werden, wie der Erzähler ihr auch mitteilt. Die nächste Stufe der Verunsicherung wird durch einen vermeintlichen Wandschrank erreicht, hinter dem die Patientin zunächst ein Spiegelkabinett zu sehen glaubt, dann aber darüber aufgeklärt wird, dass sich im Schrank tatsächlich drei weitere Schranktüren befinden. Die Patientin glaubt also zuerst, eine gängige architektonische Illusion als solche zu erkennen, um dann festzustellen, dass es sich bei dem Wahrge-nommenen doch um Realität handelt. Hinter der Tür, die sie öffnet, finden sich wieder drei Schranktüren. Von dort gelangt sie weiter: »Sie ist aus der vermeintlichen Wohnung in den vermeintlichen Schrank getreten, und nun steht sie plötzlich in einem vermeintlichen Treppenhaus, dessen Ausdeh-nung sie auf den ersten Blick gar nicht erfassen kann. Das ist beabsichtigt. Die Dame schwankt und ist verwirrt, und diesen Augenblick benutze ich, um sie mit meinem Arm zu stützen. / Ich sage: Lassen Sie sich nicht verwir-ren, stellen Sie sich fest auf Ihre Füße, es sind noch immer Ihre Füße, auf denen Sie stehen, die Dinge sind in diesem Haus nur ein wenig umgedreht, ängstigen Sie sich nicht.« (RL 38 f.)

Bemerkenswert an dieser Ansprache durch den Psychiater ist, dass sie nicht darauf abzielt, der Patientin die Illusion zu erklären und anschließend etwa eine Parallele zu ihren Wahnvorstellungen zu ziehen, die ebenso Illu-sionen seien. Vielmehr rät er ihr dazu, die Besonderheiten des Hauses als gegeben zu akzeptieren. Dieser Ansatz resultiert aus seiner Interpretation von Schizophrenie: »Ich behaupte aber: Die Schizophrenie ist nichts an-deres als die Angst zu existieren. Oder die Angst, möglicherweise *nicht* zu existieren, oder Angst vor der Unmöglichkeit, also der totalen Vernichtung, und zwar Leib *und* Seele. Und zwar *jetzt*.« (RL 263, Hervorh. im Orig.) In einem früheren Therapiegespräch hat er Evelyne B., jener Patientin, die innerhalb der Rahmenhandlung in sein Haus gekommen ist, entsprechend Folgendes geraten: »Evelyne, sage ich, höre jetzt genau zu, was ich dir sage: *Du bist nicht krank.* Du bist nicht krank, du hast nur Angst, krank zu sein, weil du etwas siehst, das nicht möglich ist. Ich sage dir aber: Es *ist* möglich, denn ich weiß es, ich habe es selbst gesehen. Und du wirst lernen, davor keine Angst zu haben, hörst du.« (RL 266 f., Hervorh. im Orig.)

Was Evelyne gesehen hat und was auch der Psychiater angibt, gesehen zu haben, versucht er ihr unter Rückgriff auf Vorstellungen über Mehrdimensi-onalität zu vermitteln: Ein ›normaler‹, dreidimensional wahrnehmender Mensch könne die vierte Dimension »nur punktweise« wahrnehmen, ledig-lich »einzelne Scheibchen« davon (RL 284). »Wenn er durch ein gütiges oder ungütiges Schicksal einmal durch einen Blitzkurzschluß in seinem Hirn in der Lage sein sollte, diesen vierdimensionalen Raum zu erkennen, in dem er sich *wirklich* befindet. Nur sehen! Herrgott, er würde sofort verrückt oder auf das gründlichste schwindlig werden. Eine Reise, wie man das nennt.« (RL 285) Seiner Patientin schreibt er einen »Extrasinn« zu, diese Dimension wahrzunehmen. Er selbst hat ein entsprechendes Erlebnis in Indien gehabt, wozu ihm sein Yoga-Meister, bei dem er mit bis dahin begrenztem Erfolg Unterricht genommen hatte, mittels der »direkte(n) Methode« verholfen hat, indem er ihn angewiesen hat, sich darauf zu konzentrieren, »daß es dich nicht gibt«, also »auf die Unmöglichkeit (…), überhaupt vorhanden sein zu *können* (und auf die Unmöglichkeit, mich zu konzentrieren, da ich ja gar nicht vorhanden sei, um mich zu konzentrieren – auch nicht darauf, daß es mich gar nicht gäbe).« (RL 238, Hervorh. im Orig.) Dieser »dreifach umge-kehrte«, »verrückte Gedanke« hat den Erzähler auf eine »Reise« geschickt, eine »sausende Talfahrt (…) nicht nach unten, aber durch mich hindurch: als ob sich mein innerstes Ich herumstülpte, um mich und um die ganze Welt« (RL 239). Er hat in dieser Situation nach seinem Meister gerufen, der ihn beruhigt und das Erlebte eingeordnet hat: »Aber ja, aber ja, es ist nichts, nur der Schreck, nur das plötzliche Ereignis.« (RL 240) Anschließend hat dieser ihm noch mitgeteilt, dass er soeben den im Yoga angestrebten Versenkungs-zustand »Samadhi« erlebt habe (RL 240). Diese Episode hat beim Erzähler nicht nur zu einem Verständnis der Wahrnehmung Schizophrener geführt, sondern ihm zugleich deutlich gemacht, welche zentrale Rolle bei solchen Entgrenzungserfahrungen einem Mentor zukommt. Entsprechend versucht er später, für seine Patientin selbst »wie ein Guru« zu agieren (RL 229).

Die sprachlichen Symptome der Schizophrenie seiner Patientin, die in nach herkömmlichen Sprachkonventionen sinnlosen Aussagen bestehen, führt er darauf zurück, dass sie das Wahrgenommene benennen will, die Sprache derjenigen, die nicht diese Form der Wahrnehmung aufweisen, aber keine passenden Worte dafür zur Verfügung stellt. Evelynes Benen-nungsversuche sind weniger dadurch motiviert, dass sie sich mitteilen möchte, als vielmehr dadurch, dass sie hofft, das Wahrgenommene würde auf diesem Weg einen Teil seines Schreckens verlieren (vgl. RL 266).

Diese Interpretation der Schizophrenie hat ein Rezensent in einer psychi-atrischen Fachzeitschrift zum Anlass genommen, Ernst Augustin vorzuwer-fen, er verkläre das Leiden von Schizophrenen.[6] Abgesehen davon, dass in der betreffenden Rezension der literarische Charakter des Textes weitgehend ignoriert wird, trifft dieser Vorwurf selbst auf die Figur des Psychiaters in der Textwelt nicht zu: Denn er nimmt durchaus wahr, dass seine Patientin leidet, nur führt er dies auf eine andere Ursache als auf ihre andere Wahr-nehmung selbst zurück, nämlich auf den Umstand, dass sie diese nicht in die gängige Konstruktion von Realität, die auch sie anerkennt, integrieren kann und infolgedessen Angst hat, sich als »krank« zu definieren bezie-hungsweise von anderen so definiert zu werden.

Folgt man dieser Auffassung von Schizophrenie, so ist es nur konsequent, wenn der Psychiater seiner Patientin Folgendes in Aussicht stellt: »Wir werden es nicht wegbringen, weil es ja da ist, aber du wirst damit fertig werden.« (RL 267) Zentraler Bestandteil seines Ansatzes, den er als eine »Art kontemplative Therapie oder Übungstherapie« (RL 269) bezeichnet, ist demnach, dass die Patientin ihre ungewöhnlichen Erfahrungen akzeptiert: »Du wärst mit einem normalerweise nicht zur Verfügung stehenden Talent ausgestattet, eben *nicht normal*. Und das ist dir ja auch gründlich bescheinigt worden.« (RL 286, Hervorh. im Orig.)

Der Erzähler hat Evelyne B. in der psychiatrischen Abteilung der Berliner Charité kennengelernt, als sie erst 16 Jahre alt war, und sie später mit Mitte 20 in der Münchener Psychiatrie wieder getroffen. Um ihr die Angst davor zu nehmen, krank zu sein, die ja erst die Symptome hervorbringt, anhand derer dann die Krankheit von anderen diagnostiziert wird, ist es notwendig, die Gültigkeit des allgemein herrschenden Realitätsverständnisses infrage zu stellen, das die Grundlage dafür bildet, Wahrnehmungen, die sich nicht in es integrieren lassen, als krank zu klassifizieren.

Diesem Zweck dient, nachdem ausschließlich gesprächsbasierte Therapieversuche gescheitert sind, das Haus des Psychiaters, indem es eine Wahrnehmung simuliert, die gängigen Realitätsvorstellungen widerspricht.[7] Dabei bilden das »Schranklabyrinth« und vermeintliche Spiegelkabinett, das »als Schleuse« »der Abgrenzung zwischen draußen und drinnen« dient (RL 41), sowie die Illusionsmalerei im Treppenhaus erst den Anfang. Doch bereits diese löst bei Evelyne B. einen »plötzlichen Schwindel«, ein »Nebensichstehen« aus, das »durch Entzug der gewohnte(n) Umgebung oder der gewohnten Bezugspunkte« (RL 39) herbeigeführt wird und das der Erzähler mit »einer Meditationsstufe«, für die es »in den abendländischen Sprachen kein Wort« gebe, vergleicht (RL 40). Das Schranklabyrinth erfüllt aber noch eine weitere Funktion: Wenn die Patientin gehen möchte, kann der Psychiater es ihr gestatten, ohne dass es ihr gelingt, weil das Labyrinth sie wieder zurück ins Treppenhaus führt. Dort teilt er ihr mit, dass sie durchaus das Haus wieder verlassen werde, allerdings auf einem anderen Weg als dem, auf dem sie hineingekommen sei. Zurück im Treppenhaus, das mit Palmen dekoriert und in dem fernes Wasserrauschen zu hören ist, suggeriert der Psychiater ihr nun, sich auf einem »Vergnügungsschiff« (RL 46) zu befinden. Ein präparierter Likör (vgl. RL 85) lässt die Patientin sodann in ihrer »Kabine« (RL 47) einschlafen. Als sie aufwacht, sagt ihr der Psychiater, es sei Morgen. Zunächst verfängt diese Suggestion jedoch nicht: »Doktor, sagt sie, Sie wollen mir einreden, daß ich Wahnvorstellungen habe, es ist nachmittags fünf Uhr, und ich befinde mich in Ihrer Praxis, die ich auch bald zu verlassen wünsche.« (RL 88) Daraufhin öffnet er einen Vorhang, hinter dem ein tropischer Fluss zu sehen ist, in dem zu baden er ihr nahelegt. Das simulierte tropische Klima fungiert als »ein Teil der Behandlung, nämlich extreme Reizsetzung durch Hitze, Feuchtigkeitsgrad, Belastung des Kreislaufs etc. Hinzu kommt die psychische Alteration, (…) die Patientin hat (…) ihre gewohnten Bezugspunkte verloren, gleichzeitig aber auch die Bezugspunkte ihrer Krankheit, so ungefähr läuft das Experiment« (RL 90). Im weiteren Verlauf der Therapie bringt der Psychiater seine Patientin ins Wasser (vgl. RL 154), was bei ihr Heiterkeit auslöst (vgl. RL 156), sie rutscht in ein Becken mit Moorschlamm (vgl. RL 159), wobei sie nicht nur ihre Kleidung verliert, sondern auch ihre Hemmungen ablegt. Aber kaum fühlt sie sich befreit, weist der Psychiater sie auf eine verborgene Tür hin, hinter der als »totale Unfaßbarkeit« ein »wahrer Albtraum-Ozean«, ein brüllender »Mälstrom« (RL 225) – tatsächlich ein rundum, auch an der Decke, verspiegeltes Wellenbad – liegt. Dort hinein müsse sie springen, da das Schiff brenne, lautet die Anweisung, die sie erhält. »Ich nenne diesen Teil der Behandlung ›Indischen Ozean‹, wegen seiner Temperatur. Da das Wasser auf fünfunddreißig Grad erwärmt ist, besteht kaum Gefälle zur Hauttemperatur, der Schwimmer befindet sich in seinem eigenen Körpersee, er glaubt zu schweben, auch eine Illusion, die ihm bekannt erscheint.« (RL 228) Diese Erläuterung des Erzählers zeigt, dass die Benennung »Indischer Ozean« auch insofern sinnfällig erscheint, als sie auf das Entgrenzungserlebnis »Samadhi«, das der Erzähler in Indien erfahren hat und mit schizophrenen Erfahrungen parallelisiert, zurückverweist (bzw. in der Erzählchronologie darauf vorausweist). Darüber hinaus soll das Wellenbad durchaus ernsthafte Todesangst hervorrufen, wozu der Psychiater beiträgt, indem er, selbst im Wasser, der Patientin ihrer beider vermeintlich aussichtslose Lage als Schiffbrüchige darlegt (vgl. RL 232). Im scheinbar letzten Moment öffnet der Psychiater dann eine versteckte Tür und rettet die Patientin. Anschließend kann sie sich, gebadet und wieder angezogen, in einem Dunkelraum bei einem Tee »nur auf sich selbst beziehen« (RL 344) und zusammen mit dem Psychiater ihre Erlebnisse rekapitulieren. Damit soll auch sichergestellt werden, dass die Patientin den »Anschluß« an die Realität findet und sich wieder in einer normalen Umwelt bewegen kann, »ohne in gellendes Entsetzen über die Unbegreiflichkeit zu verfallen« (RL 342). Dies gelingt Evelyne durchaus, als sie das Haus, dessen Tiefe von 29 Metern (vgl. RL 341) sie in den vorangegangenen Stunden durchmessen hat, auf der anderen Seite, der Paul-Heise-Straße, verlässt, um noch »ein Paar Debreziner« (RL 349) für ihren Ehemann zu kaufen – den Psychiater.

Mit dieser Pointe wird die Zuverlässigkeit des Erzählers infrage gestellt: Behandelt er überhaupt andere Patientinnen auf die beschriebene Art, wie er mehrfach geäußert hat (vgl. etwa RL 225), oder hat er sein Haus »eigens für (s)eine Patientin« gebaut (RL 348)? Und ist seine Frau überhaupt an Schizophrenie erkrankt oder handelt es sich bei der Therapie um ein (erotisches) Rollenspiel, wozu nicht nur passen würde, dass sie sich im Laufe der Therapie entkleidet, sondern auch, dass er ihr mehrfach Komplimente für ihr Aussehen macht? Ist er überhaupt Psychiater? Sind seine Berichte etwa aus Afghanistan und Indien in der Textwelt wahr oder, was seine Frau vermutlich wissen würde, erfunden, sind sie also innerfiktional als faktuales oder fiktionales Erzählen zu klassifizieren?

Indem es ihm diese Fragen nahelegt, versetzt das Buch den Leser in Bezug auf die Textwelt in eine ähnliche Verwirrung wie innerfiktional das Haus Evelyne hinsichtlich der realen Welt – wenn man ihr ihre Reaktionen und dem Erzähler seine Berichte davon denn glaubt. Durch diese Parallelisierung von Buch und Haus wird Evelyne auch zum *role model* für den Leser: Ebenso, wie sie das sich ihr Darbietende akzeptieren soll, auch wenn es ihr rational betrachtet unmöglich erscheint, wird dem Leser ein Akt des »willing suspension of disbelief«[8] abverlangt. Nur wenn er dazu bereit ist, kann die Lektüre des Romans ebenso wie Evelynes Weg durch das Haus als »Wahrnehmungstraining«, »in welchem nichtvorhandene Dinge wahrgenommen werden und vorhandene Dinge nicht wahrgenommen werden« (RL 341), wirken. Indem der Roman eine andere Wahrnehmung in mehreren Varianten (Samadhi-Erlebnis des Erzählers, Erfahrungen von Evelyne, simulierte Erfahrungen im Haus, argumentative Darlegungen) vorführt beziehungsweise plausibel macht, kann er realweltlich ›normal‹ wahrnehmenden Lesern ermöglichen, die Begrenztheit ihrer Realitätskonstruktion zu erfahren und Gedanken wie den folgenden nicht sofort als abwegig abzutun: »Aber wie, wenn es umgekehrt wäre, wenn gerade die Majorität sich irrte, in einem schrecklichen Irrtum befangen wäre, aus dem aufzuwachen sie sich mit allen Mitteln, aber wirklich mit allen Mitteln wehrte, wer will das wissen.« (RL 340)

»Robinsons blaues Haus«

In »Robinsons blaues Haus« spielt nicht nur *ein* Gebäude eine zentrale Rolle, sondern wird eine Vielzahl von Umbauprojekten beschrieben. Der Protagonist entdeckt früh die architektonische Imagination als Fluchtweg aus bedrückenden Situationen, denen er real nicht entkommen kann. So begegnet er der Langeweile des sonntäglichen Kirchgangs (»Die Kirche war kalt, anstrengend und unendlich ausgedehnt an den Sonntagen, wenn ich auf der Bank saß«[9]), indem er sein »erstes größeres Bauvorhaben« (RH 21) in Angriff nimmt – den Umbau der Kirche. Fasziniert von der Kanzel stellt er sich an den folgenden Sonntagen immer weitere Umbaumaßnamen vor, um die Kirche in einen ihm angenehmen Wohnort zu verwandeln. Als Einzugstermin legt er den Pfingstsonntag fest. In der konkreten Gottesdienstsituation sieht er sich allerdings mit den »Härtefälle(n)« (RH 23) des Pfarrers und der Gemeinde konfrontiert, die sich ja auch noch in der Kirche aufhalten. Zunächst versetzt er den Pfarrer nur von der Kanzel in ein Nebenschiff, dann aber hat er die »allumfassende«, »überirische« »Vision« einer »radikale(n) Lösung«: Er flutet die Kirche – »Solch ein Wunder, nicht nur voller Brutalität, sondern auch Erotik!« (RH 24)

Nicht nur das Vokabular, auch die imaginierte Tat zeigen, dass das zwecks Ablenkung begonnene Gedankenspiel des Kirchenumbaus hier in eine Apotheose des Protagonisten mündet, der eine Sintflut beschließt und »theoretisch (…) die ganze Gemeinde ersaufen« lässt (RH 24). Folgerichtig wird auch das Ergebnis als Paradies beschrieben, in dem lediglich noch ein »paar Umbauten« nötig sind: »(Ein) Landungssteg zum Beispiel, der von der Kanzel herunterführte. Ich selbst fuhr im Ruderboot über die blühende Wasserfläche, komplett mit Seelilien, Mangroven und Lotos, fuhr durch gotische Wälder, durch krausborstige sonnendurchglühte Kreuzgewölbe in die weite Lagune, wo mein Baumhaus stand. / Mein tropisches Baumhaus, bestückt mit lebenslangem Vorrat von Würstchen und Limonade.« (RH 24 f.)

Die alterstypischen Verpflegungspläne hat das erlebende kindliche Ich wohl ernst gemeint; ihre Erwähnung, zudem zum Schluss der Passage, durch das erwachsene erzählende Ich erzeugt jedoch einen mild ironisierenden Effekt. Dieser sollte aber nicht dazu führen, das kindliche Umbauprojekt nicht ernst zu nehmen, denn es kann Aufschluss über die Wünsche des jungen Protagonisten geben. Es handelt sich hierbei um eine Phantasie von großer Radikalität, indem im Lauf der Planungen beziehungsweise ihrer imaginären Durchführung der vorgefundene Raum maximal umgestaltet wird: Der Sakralraum Kirche wird profaniert, der öffentliche Raum privatisiert und schließlich der Kulturraum renaturiert. Wozu das alles? Zur Beantwortung dieser Frage erscheint es hilfreich, den Ausgangspunkt der Pläne des Protagonisten in den Blick zu nehmen: die Kanzel. Sie will er beziehen, sich also an den architektonisch hervorgehobenen Platz der Autorität in der Kirche, des Pfarrers, setzen. Der gesamte Umbau stellt eine aus einer Situation der Ohnmacht hervorgegangene kindliche Allmachtsphantasie – Gottes Haus ist nun sein Haus – dar, in der es für die Umbauten, neben praktischen Erwägungen, vor allem einen Grund gibt: dass sie (der Phantasie des Jungen) möglich sind. Insofern erscheint es nur folgerichtig, dass schließlich der Rahmen der architektonischen Phantasie verlassen wird und diese in ein Szenario mündet, dem neben allen Anwesenden sogar das bis dahin errichtete eigene Werk zum Opfer fällt. Der Wechsel in die Mobilität, wenn der Protagonist zum Schluss durch den Säulenwald paddelt, verweist zurück auf die reale Situation der erzwungenen Immobilität während des Gottesdienstes. Daran wird eine wichtige psychologische Funktion des Phantasieumbaus deutlich: Entlastung.

Hinzu kommt eine offenbar komplexe Gemengelage aus verschiedenen weiteren Bedürfnissen, worauf die irritierende Klassifikation des Geschehens als erotisch hinweist.

Auch wenn das imaginierte Szenario ebenso wie der Anlass dafür spezifisch kindliche Elemente beinhaltet, finden sich hier doch bereits zentrale Aspekte aller folgenden realen und imaginierten Bauprojekte des Protagonisten. Den Ausgangspunkt bildet ein Fluchtimpuls, ein bereits vorhandener Raum wird den eigenen Bedürfnissen entsprechend umgestaltet, und mit dieser Aneignung ist ein Moment der Ermächtigung verbunden. Kaum zufällig beschließt der erwachsene Ich-Erzähler das Kapitel mit der Einsicht, der »Sinn des Lebens« bestehe »aus nichts anderem als dem fortgesetzten Bemühen, sich wohnlich einzurichten. Einigermaßen.« (RH 25)

In diesem Bemühen sieht sich der Protagonist in seinem weiteren Leben allerdings mit massiven Schwierigkeiten konfrontiert. In seiner Jugend bestehen diese zunächst darin, dass er sich vor einer Bande von Mitschülern verstecken muss. Zu diesem Zweck baut er sich aus einer alten, vermeintlich funktionslosen Badeofenhülle, die er im Hof des Hauses, in dem er mit seinen Eltern wohnt, findet, eine Tauchglocke, die er im nahen Stadtgraben versenkt (vgl. RH 76–84) und in der er ungefährdet lesen kann – vor allem Abenteuerromane (vgl. RH 91). Zwar wird dieser Fluchtort tatsächlich gebaut und erfüllt auch einen praktischen Zweck, doch beschränkt sich seine Funktion nicht darauf. Das erste Auftauchen in der Tauchglocke wird wie folgt beschrieben: »Ich glaube, diese allererste Sekunde war reine Religion. Ich befand mich plötzlich in einem, (in meinem) Selbst, das ich mir selbst geschaffen hatte (…).« (RH 87) Neben diesem mystischen Erlebnis löst der Ort auch drastische Rachephantasien aus: Der Protagonist entwirft einen (nicht umgesetzten) Fortbewegungsmechanismus, mit dem er in seiner Phantasie durch den Stadtgraben zu seiner Schule fährt, »um ein paar Brandsätze zu legen« (RH 92 f.), und imaginiert die Folgen: »Ich sah die ganze Sippschaft rennen (…). Verstört und wie von Sinnen aus der brennenden Schule flüchten. Vorsichtshalber fügte ich noch die Lehrer Rabemus und Meckel hinzu, die mir ebenfalls das Leben schwergemacht hatten. Außerdem war das Schulhaus immer ausnehmend häßlich gewesen – ein rotes Backsteingebäude mit unglaublich häßlichen gotischen Fenstern.« (RH 93)

Die Parallelen zur Kirchenumbauphantasie sind zahlreich: Ein Ort fremder Autorität wird als solcher zerstört (die gotischen Fenster der Schule verweisen auf den Kirchenbau zurück), erzwungene Immobilität wird zur Mobilität umphantasiert und ein Element wird entfesselt, um die eigenen Ziele zu erreichen.

Für den weiteren Verlauf der Handlung hat diese Episode gravierende Folgen, denn es stellt sich heraus, dass der Badeofen doch eine Funktion hatte. Der Vater des Protagonisten stellte ihn als eine Art »Briefkasten« für

Kriminelle zur Verfügung, in dem Pakete unbestimmten Inhalts unauffällig von einer Person hinterlegt und später von einer anderen abgeholt werden konnten (vgl. RH 146 f.). Dessen Umfunktionierung durch den Protagonisten und der damit einhergehende Verlust des Inhalts führt dazu, dass sein Vater, um die entstandenen Schulden begleichen zu können, beginnt, auch in seinem Beruf als Bankangestellter kriminell zu agieren, was zu großem Reichtum, Umzügen, schließlich aber auch zu seiner Ermordung führt. Zuvor hat er seinem Sohn allerdings einen Code mitgeteilt, der den Zugang zu seinem immensen, durch Geldwäsche erwirtschafteten Vermögen ermöglicht. Seitdem fühlt sich der Protagonist von zwei Schlägern verfolgt.

Diese besonderen Umstände versetzen ihn also als Erwachsenen in jene Lage, in der er sich als zum Kirchgang gezwungenes Kind, ausgestattet mit einer machtvollen Vorstellungskraft, befunden hat: Einerseits kann er seinen Aufenthaltsort nicht frei wählen – mit dem Unterschied, dass er nicht mehr an einem Ort bleiben muss, sondern ihn, ebenso wie seine Identität, häufig wechseln muss –, andererseits verfügt er über Mittel, seine unmittelbare Umgebung nun auch ganz real gemäß seinen Wünschen umzugestalten – sein Vermögen ermöglicht es ihm, nahezu jedes beliebige Bauvorhaben umzusetzen. Zunächst begegnet er seiner erzwungenen Heimatlosigkeit damit, dass er sich an diversen Orten in verlassenen Funktionsgebäuden, etwa auf dem Gelände von Bahnhöfen, identische, sehr kleine 1-Zimmer-Apartments einrichten lässt. Ein solcher »bewohnbarer Tresor« (RH 31) muss zum einen von außen unauffällig sein und zudem hohe Sicherheit gegen einen Einbruchsversuch seiner Verfolger bieten, zum anderen aber angenehm zu bewohnen sein. Der detailliert beschriebene Luxus der Apartments beschränkt sich nicht aufs Optische und Haptische, sondern bezieht auch andere Sinne mit ein: Das beim Innenausbau verwendete Dengue-Holz verströmt einen leichten Zimtduft, beim Öffnen der Tür erklingt Tango-Musik und auf dem Tisch steht ein Whiskey; auch eine Zahnbürste ist vorhanden und wird eigens illuminiert. Diese Kombination soll dem sich permanent auf der Flucht Befindenden das Gefühl vermitteln, in einem Zuhause, das er so gar nicht hat, anzukommen, um sein Wohlbefinden zu erhöhen und seine psychische Stabilität zu unterstützen. Die Funktionen dieser Schutzräume fasst ein ohne Quellenangabe zitierter und nicht anmoderierter Text zusammen:

> »Dreyerley sei deyn Haus,
> deyn Hüll, so weder Wind noch Wetter,
> deyn Seel, so es dich habet,
> deyn Burg, so dich nachtens gar keines abschlachtet.« (RH 33)

Neben dem praktischen Schutz vor Witterung und Menschen wird hier als traditionelle (geht man aufgrund der Schreibung und Formulierung von einem älteren Text aus) Funktion eines Hauses also auch eine psychologi-

sche und / oder spirituelle Dimension des Verhältnisses von Haus und
Bewohner genannt. Im weiteren Verlauf der Handlung wird aber zunächst
die Schutzfunktion gegenüber möglichen Mördern in den Vordergrund
gerückt, wenn der Protagonist die alten Räumlichkeiten der umgezogenen
Touristenattraktion London Dungeon kauft und ausbaut. Neben allerlei
schauerlichem Restinventar, das er übernehmen muss (eine grüne Puppe,
die den Kerkermeister darstellt, Gummiköpfe, nachgebaute Foltergeräte
etc.), findet sich in den Gewölben noch eine »Schleuse«: »Ein Gitterraum
mit zolldicken Gitterstäben und je einer Tür vorne und einer hinten, die
automatisch ins Schloß fallen, wenn der Besucher hindurchgeht.« (RH 187)
In die Räumlichkeiten des Dungeon integriert der Protagonist wieder sein
dem Leser mittlerweile wohlbekanntes Zimmer, dessen Zugang hier unter
einem Schafott versteckt ist. Die vorgenommenen Umbauarbeiten unterscheiden sich also im Ergebnis nicht von denen in den anderen Funktionsgebäuden, sollte doch der Fluchtort von außen auch bei diesen möglichst
nicht als solcher erkennbar sein. Insofern scheint es sich zunächst um eine
zwar besonders skurrile, aber doch nach dem bekannten Muster gestaltete
neue Unterkunft zu handeln. Die Nutzung seiner neuen Immobilie offenbart jedoch, dass mit dem Einzug im Dungeon ein Paradigmenwechsel im
Verhalten des Protagonisten gegenüber seinen Verfolgern einhergegangen
ist. War er zunächst darum bemüht, eine Begegnung mit ihnen unbedingt
zu vermeiden – was angesichts einer Konfrontation, bei der er nur durch
einen glücklichen Zufall in Gestalt einer plötzlich auftauchenden Beleg-
schaft auf Betriebsausflug knapp entkommen konnte (vgl. RH 61 f.), auch
sehr nachvollziehbar erschien –, so provoziert er in London ein Aufeinan-
dertreffen, indem er den beiden, obwohl er »von krankhafter Vorsicht
erfüllt« ist, »Hinweise, die eben keine Hinweise sind«, auf seinen jeweiligen
Aufenthaltsort gibt (RH 189) und bei einer Verfolgungsjagd sicherstellt,
dass er sie nicht abhängt (vgl. RH 189). Angesichts dieses Verhaltens stellt
er selbst die Frage »Katz und Maus, ich die Katz oder sie die Katz?« (RH 189)
So führt er seine Verfolger letztlich in den Dungeon, wo sie nachts in der
Schleuse gefangen werden und er sie am nächsten Morgen unter Vorhaltung
eines vor Ort gefundenen Vorderladers entwaffnet und anschließend zwingt,
ihm die Telefonnummer ihres Auftraggebers zu geben (vgl. RH 193–197).
Mit Blick auf den Zusammenhang zwischen Räumen und psychischen
Vorgängen ist diese Episode in mehrfacher Hinsicht interessant: Der Protagonist nutzt nicht nur die materielle Innenausstattung, sondern offenbar
auch den psychologischen Effekt, den ein – zumal längerer und unfreiwil-
liger – Aufenthalt in dieser Umgebung hat, in der schon das laute Klicken
der Gittertür »einen zusätzlichen Schaden« erzielt (RH 187): »Damit (mit
dem Zufallen der Türen, Anm. d. Verf.) sollte wohl vermittelt werden, wie
es sich anfühlt, wenn die Tür ins Schloß fällt. Für immer und ewig. Zur An-

schauung steht da noch die Streckbank im Raum, mit Seilzügen an den vier Ecken.« (RH 187) Nach Stunden in diesem Ambiente, verbunden mit der Ungewissheit, ob überhaupt jemand kommen wird, um die Türen zu öffnen, erscheint es durchaus plausibel, dass auch zwei Berufskiller schnell aufgeben, wenn sie von einem Gegner, der im Jargon von Hard-boiled-Detektivgeschichten redet (vgl. RH 195 f.), mit einer »Donnerbüchse« (RN 193), die mit »Reißnägel(n) und Schraubenmuttern« (RN 195) geladen ist, bedroht werden.

Doch auch über seine Schutzfunktion, nicht zuletzt durch seine Wirkung auf Eindringlinge, hinaus erscheint die Wahl dieses Wohnorts bedeutsam. Denn der Protagonist hat ihn, als er noch in Betrieb war, als hochgradig beängstigend empfunden (vgl. RH 183 f.), was umso mehr einleuchtet, als er, für den Fall, seinen Verfolgern nicht zu entkommen, Angst vor der »Fingerfolter« (RH 134) hat. Warum also sollte sich jemand mit seinen finanziellen Möglichkeiten in einer Stadt wie London kein angenehmeres Versteck suchen? Eine mögliche Erklärung, die auch zu seinem veränderten Verhalten passt, besteht darin, dass er – bewusst oder unbewusst – nicht nur die Konfrontation mit seinen äußeren Verfolgern, für die der Ort zur Falle wird, sondern auch mit seinen inneren Dämonen, seinen Ängsten, gesucht hat – er nennt den Dungeon »meine Unterwelt« (RH 186).

Der auch langfristige Erfolg dieser raumgestützten Selbsttherapie zeigt sich wiederum architektonisch. Der Protagonist glaubt, seinen Chat-Partner »Freitag«, dem er unter dem Nickname »Robinsonsuchtfreitag« (RH 47) in der Rahmenerzählung seine Erlebnisse schreibt, als Frau, die er gesehen hat, identifiziert zu haben, und verliebt sich in sie. Als sie – als (vermeintlichen) architektonischen Liebesbeweis – ein seinen Apartments nachempfundenes Zimmer in dem Gebäude, in dem er gerade wohnt, einrichten lässt, erkennt er durchaus die sich daraus ergebenden Möglichkeiten: »Ich bin überwältigt, und ich kann mir gut vorstellen, wie etwa ein Durchbruch nach unten oder nach oben ein wahrer Traum wäre. Wir lebten nicht in einem großen, aber einem hohen Haus. (…) Allein die Täuschungsmanöver, die sich (…) ergäben, könnten raffinierter gar nicht sein.« (RH 256)

Jedoch hat er andere Vorstellungen von ihrem Zusammenleben: »Ich habe vor, uns das größte, schönste, höchste Haus zu bauen, das die Welt je gesehen hat. Und das sicherste dazu. Nur für uns. Nimm das als Gelöbnis und Verlöbnis und als Liebesgruß, liebste Freitag.« (RH 257) Während sie ihm also ihre Liebe (scheinbar) dadurch zeigt, dass sie ihm implizit anbietet, sein Leben zu teilen, bietet er ihr an, es für sie zu ändern: Die Welt, vor der er sich bis dahin bestmöglich zu verbergen trachtete, soll nun zumindest das Haus sehen.

Das Bauprojekt, das er in Angriff nimmt, unterscheidet sich erheblich von seinen bisherigen. Er erwirbt die oberen Stockwerke eines New Yorker

Wolkenkratzers und lässt diese zu einem »Penthaus« (RH 260) für sich und seine »Freitag« umbauen, dessen innenarchitektonischer klassizistischer Prunk den beauftragten Architekten, der eine puristische Formensprache bevorzugt (vgl. RH 268), letztlich in den Selbstmord treibt (vgl. RH 286). Das Bauvorhaben soll den beim Hausbau laut dem Erzähler zu beachtenden »drei Grundsätze(n), Sicherheit, Bequemlichkeit und Schönheit, die sich gegenseitig im Weg stehen« (RH 249), gleichermaßen gerecht werden, wohingegen der Architekt sich ausschließlich auf die Schönheit (in seinem Verständnis) konzentriert – »ein Leben, glaube ich, hatte er innerhalb seiner Architektur nicht in Betracht gezogen« (RH 277). Der Protagonist hingegen umreißt sein »Gesamtkonzept« wie folgt: »(I)ch will es üppig. (…) Ich will es groß, und ich will es vom Besten, ich will schöne Farben (…). Ich will Marmorbäder, ich will Wandelgänge mit Gemälden, ich will eine Empfangshalle, die nach etwas aussieht.« (RH 281) Damit stellt der Bau nicht nur einen Bruch mit seinem Bemühen um Unauffälligkeit dar, sondern erfüllt auch eine neue zusätzliche Funktion: Repräsentativität, in diesem Fall nicht gegenüber der Öffentlichkeit, sondern gegenüber der geliebten Frau. An die Stelle der zwar hochwertigen, aber doch funktionalen Einrichtung der Apartments, die im Vorraum der neuen Wohnung zitiert wird (vgl. RH 264), treten unter anderem Marmorsäulen als traditionelles Element repräsentativer Architektur – in welche Tradition er sich stellt, ist dem Protagonisten dabei durchaus bewusst, wenn er ein »Bernsteinzimmer« (RH 281) wünscht.

Zwar verhält er sich weiterhin vorsichtig und verkleidet sich bei Besichtigungen der Baustelle als Putzmann, doch manifestiert sich in seinem notwendigerweise aufsehenerregenden Projekt eine neue Risikobereitschaft – auch, weil es im Gegensatz zu den Fluchtapartments offensichtlich als dauerhafter Wohnsitz konzipiert ist. So verwundert es kaum, wenn am Abend seines ersten Rendezvous mit Freitag in einem italienischen Restaurant ein Anschlag auf ihn verübt wird, vor dem ihn ein älterer Herr, den er schon früher in seiner Nähe bemerkt hat, rettet, um sich anschließend als Freitag vorzustellen. Damit stellen sich gleich zwei Annahmen des Protagonisten als Illusionen heraus: dass ihm ein dauerhafter Aufenthalt an einem belebten Ort möglich sei und dass er eine Partnerin gefunden habe, die ihr Leben mit ihm verbringen möchte.

Er gibt daraufhin das reale Bauen, das bis dahin für ihn einen zentralen Lebensinhalt ausgemacht hat, auf und wartet auf einer Südseeinsel auf den älteren Herrn, der sich als sein »ganz persönlicher, höchst privater Tod« (RH 319) erweist. Die Zeit bis zu dessen Ankunft verbringt der Protagonist, wenn er nicht gerade traumlos auf seiner Reisstrohmatte schläft (vgl. RH 306) oder köstliche Mahlzeiten zu sich nimmt, die von einer oder mehreren einheimischen Frauen zubereitet werden, damit, Pläne zu entwickeln, die Insel zu einem Haus umzubauen, genauer gesagt: ein Haus in die aus leichtem Vulkangestein bestehende Insel hineinzugraben. Zwar berücksichtigen seine Pläne durchaus die Bedürfnisse eines tatsächlichen auch sozialen Lebens darin – so sind mehrere Schlafzimmer und eine Wohnküche ebenso vorgesehen wie eine eindrucksvolle, mit Musik beschallte Empfangshalle und ein Labyrinth, das Besucher, ebenso wie der Therapieparcours in »Raumlicht«, »an sich selbst zweifeln« (RH 310) lassen soll. Die eigentliche Funktion der Pläne ist aber eine andere: »(I)ch bin dabei, ein Geisterhaus zu bauen, in dem es sich leben läßt, ein Haus des Inneren, in dem ich herumlaufe. Oder noch kürzer, offenbar bin ich dabei, in mich zu gehen.« (RH 310) Dazu passt die Beschaffenheit der auch »Skull Island« genannten Insel, die einem Totenkopf ähnelt. Der Protagonist entwirft eine Behausung in einem – seinem – Kopf. Zugleich wirkt die Gestalt der Insel als Memento-mori-Symbol: Die tatsächliche Realisierung des Baus verwirft der Protagonist aufgrund der Einsicht, dass er Dinge nicht »mitnehmen« (RH 311) kann, den Geist aber zumindest vielleicht. In dieser Vorstellung kommt diejenige der zitierten drei Funktionen eines Hauses zum Tragen, die bei den vorherigen Bauten in ihrer spirituellen Bedeutung keine Rolle gespielt hatte: die der Seele.

Entsprechend berichtet der Erzähler an dieser Stelle auch von einer weiteren Kindheitsepisode, worin er durch die Imagination eines Grießbreibergs, in den er über Tage hinweg ein imaginäres Gängesystem inklusive eines »unerhört schönen« (RH 312) Rittersaals hineingegessen hat, nicht nur die Heilung seines Keuchhustens unterstützt habe, sondern ihm auch »die große Gabe«, »das ganz spezielle Raumgefühl, das architektonische Empfinden« (RH 313) zugewachsen sei. Davon macht er nun auch als älterer Mann Gebrauch, indem er nachts sein imaginäres Haus durchschreitet und auf die »dunklen Wasser« (RH 315) hört, die unter seinem Haus, dem ein Untergeschoss fehlt, fließen. Er meint, sie sogar – selbst innerhalb der Imagination nur vor seinem inneren Auge – zu sehen, »schwarze Wasser, die dort fließen, ein schwarzer Strom, schnell, glatt und lautlos wie ein Schlangenleib. Sehr tief und sehr weit unten. Das Wasser schwillt, wird breit und bedrohlich und fängt an zu gurgeln.« (RH 315 f.) Mit dieser Wahrnehmung geht die bewusst gesteuerte Imagination über in eine solche, die Unbewusstes freilegt, wie der Protagonist auch gleich auf dem Wege der Allegorese erkennt: »Das sind meine Ängste, die dort herumschwimmen, die verdrückten Gefühle, die Süchte und das ganze Leid. Und was da sonst noch schwimmt, wer weiß.« (RH 316) Dazu, sich ihnen zu stellen, ist er allerdings noch nicht bereit: »Aber irgendwann, das verspreche ich, werde ich hingehen und ein tiefes Loch in den Bimsstein graben, ich werde nachsehen, was dort unten ist.« (RH 316) Während die Wirkung des real bewohnten Dungeon sich verhaltenspsychologisch beschreiben ließ, dient die Imagination des Hauses hier als ein Mittel zur Autopsychoanalyse, das es dem Protagonisten ermöglicht, Zugang zu Bewusstseinsinhalten zu erhalten, die ihm ansonsten nicht zugänglich wären.

Mit diesem imaginären Bau, der reale Gegebenheiten lediglich als Ausgangsmaterial für die Phantasie nutzt, kehrt der Protagonist zum Prinzip seines ersten Bauvorhabens, des Kirchenumbaus, zurück, woran nicht nur das Setting in der Südsee und dessen Bezeichnung als »Paradies« (RH 306) erinnern, sondern auch der Umstand, dass es in der imaginären Wohnküche »Wiener Würstchen« (RH 310) gibt, die schon der kindliche Protagonist als Lebensmittelvorrat vorgesehen hat.

Die Methode der imaginativen Umgestaltung der Wirklichkeit stellt zudem eine Parallele zur literarischen Produktion dar, worauf hindeutet, dass der Erzähler seinen Bau als ein »poetisches Haus, mit viel Platz für Banalitäten als auch für das Erhabene« (RH 310) beschreibt. Diese Formulierung könnte man als poetologisches Programm von »Robinsons blaues Haus« lesen, zumal der Titel sowohl das innerfiktional erdachte Haus als auch das Buch bezeichnet. So erscheint es nur folgerichtig, wenn für den Erzähler Literatur und Architektur letztlich in eins fallen: »Dieses letzte Kapitel ist auch mein letztes Kapitel, und es ist mein letztes Haus, das ich hier baue.« (RH 308) Diese Parallelisierung ermöglicht es, jene Funktionen, die im Roman die verschiedenen Wohnungen des Protagonisten erfüllen, auch der Literatur zuzuschreiben: Sie kann als temporärer Fluchtort vor einer feindlichen Welt ebenso dienen wie als Ort der Begegnung mit eigenen bereits bekannten Ängsten, aus der man gestärkt hervorgehen kann, oder sogar den Ausgangspunkt für den Weg in unbekannte Bereiche der eigenen Psyche bilden. Nimmt man die Metapher des Hauses für das Buch ernst, impliziert sie, dass es die beschriebenen Funktionen nicht nur für dessen Erbauer – den Autor – erfüllen kann, sondern auch für denjenigen, der es bezieht – den Leser.

Um diese Funktionen erfüllen zu können, muss es allerdings so beschaffen sein, dass man sich gern in es hineinbegibt und dort aufhält, was beim avantgardistischen Penthouse-Entwurf des modernen Architekten nicht der Fall war, der zwar »preisverdächtig« (RH 277), aber eben auch unbewohnbar ausgefallen ist. Einer solcherart leserfeindlichen modernen Literatur, deren formale Innovationen um ihrer selbst willen zelebriert werden, wird in Ernst Augustins Romanen eine postmoderne Literatur gegenübergestellt, in der unterhaltsame »Banalitäten« den Lesern überhaupt erst die Involvierung ermöglichen, die notwendig ist für die beschriebenen Lektürewirkungen.

1 Lutz Hagestedt bezeichnet Ernst Augustins »Raumlicht« als »fiktive Autobiographie« (Lutz Hagestedt / Nicolai Riedel: »Ernst Augustin«, in: »Kritisches Lexikon zur deutschsprachigen Gegenwartsliteratur«, URL: http://www.nachschlage.NET/document/16000000021, abgerufen am 4.2.2015). Jan Bürger formuliert, bei »Robinsons blaues Haus« handle es sich »auch um so etwas wie die Fiktion einer Autobiographie« (Jan Bürger: »Der Buddha im teefarbenen Licht«, in: »Frankfurter Allgemeine Zeitung«, 22.3.2012). — **2** Vgl. Bürger: »Der Buddha im teefarbenen Licht«, a. a. O. — **3** Vgl. Malte Herwig / Sven Michaelsen: »Ich schreibe mit der Hand, ohne zu sehen, was ich schreibe«, in: »Süddeutsche Zeitung Magazin«, 1.3.2013. — **4** Die Leistungsfähigkeit eines solchen imaginären Gedächtnispalasts hat unlängst erst eine Folge der Fernsehserie »Sherlock« inszeniert, vgl. Nick Hurran (Regie) und Steven Moffat (Drehbuch): »Sherlock. His Last Vow«, UK 2014. — **5** Vgl. Ernst Augustin: »Raumlicht. Der Fall Evelyne B.«, München 2004, S. 285. Im Folgenden zitiert mit der Sigle »RL« und Seitenzahl. — **6** Vgl. Thomas Culemann: »Ernst Augustin: ›Raumlicht‹«, in: »Dynamische Psychiatrie«, 1978, H. 51, S. 386–388, hier S. 388. — **7** Vgl. dazu auch Sabine Brocher: »Reisen in den Raum. Beobachtungen zu den RAUM-Konzeptionen von M. C. Escher, Alfred Jarry und Ernst Augustin«, in: »Sprache im technischen Zeitalter« 17 (1978), H. 68, S. 345–354, hier S. 352 f. — **8** Samuel Taylor Coleridge: »Collected Works. Band 7: Biographia Literaria or Biographical Sketches of My Literary Life and Opinions II«, hg. von Kathleen Coburn und Bart Winer, Princeton 1983, S. 6. — **9** Ernst Augustin: »Robinsons blaues Haus«, München 2012, S. 20. Im Folgenden zitiert mit der Sigle »RH« und Seitenzahl.

Nicolai Riedel / Lutz Hagestedt / Martin Rehfeldt

Ernst Augustin – Auswahlbibliografie

1. Primärliteratur

Buchpublikationen

»Das elementare Zeichnen bei den Schizophrenen. Experimentellpsychologische Untersuchungen«. Berlin (Humboldt Universität) Med. Diss. 1952.

»Der Kopf. Roman«. München (Piper) 1962. Taschenbuchausgabe: Frankfurt / M. (Suhrkamp) 1990. (= suhrkamp taschenbuch 1721).

»Das Badehaus. Roman«. München (Piper) 1963. Veränderte Neuausgabe: »Badehaus Zwei. Roman«. München (Beck) 2006.

»Mamma«. Frankfurt / M. (Suhrkamp) 1970. Veränderte Neuausgabe: »Schönes Abendland. Roman«. München (Beck) 2007.

»Raumlicht. Der Fall Evelyne B. Roman«. Frankfurt / M. (Suhrkamp) 1976. Neuausgabe: München (Beck) 2004.

»Eastend. Roman«. Frankfurt / M. (Suhrkamp) 1982. Neuausgabe: München (Beck) 2005.

»Der amerikanische Traum. Roman«. Frankfurt / M. (Suhrkamp) 1989. Neuausgabe: München (Beck) 2006.

»Mahmud der Schlächter oder Der feine Weg. Roman«. Frankfurt / M. (Suhrkamp) 1992. Neuausgabe: »Mahmud der Bastard. Roman«. München (Beck) 2003.

»Gutes Geld. Roman in drei Anleitungen«. Frankfurt / M. (Suhrkamp) 1996. Neuausgabe: München (Beck) 2013.

»Die sieben Sachen des Sikh. Ein Lesebuch«. Hg. und mit einem Nachwort versehen von Lutz Hagestedt. Frankfurt / M. (Suhrkamp) 1997. (= suhrkamp taschenbuch 2772).

»Die Schule der Nackten. Roman«. München (Beck) 2003.

»Der Künzler am Werk. Eine Menagerie«. München (Beck) 2004.

»Romane und Erzählungen. In 8 Bänden. Abendland. Badehaus Zwei. Der amerikanische Traum. Der Künzler am Werk. Die Schule der Nackten. Eastend. Mahmud der Bastard. Raumlicht«. München (Beck) 2007.

»Robinsons blaues Haus. Roman«. München (Beck) 2012.

»Das Monster von Neuhausen. Ein Protokoll«. München (Beck) 2015.

Hörbücher

»Die Schule der Nackten«. Gekürzte, vom Autor autorisierte Fassung. Lesung von Reinhart von Stolzmann. Regie: Wolfgang Stockmann. 3 CDs mit Booklet. Hamburg (Hoffmann und Campe) 2003.

»Ernst Augustin liest ›Goldene Zeiten‹«. Live-Mitschnitt einer Lesung. 1 CD. München (Beck) 2007.

Gespräche, Interviews

Reif, Adelbert: »Jeder kann schizophren werden«. Gespräch. In: Die Weltwoche, Zürich, 6.10.1976.

»Dr. Ernst Augustin Psychiater und Schriftsteller im Gespräch mit Dr. Wolfgang Habermeyer«. BR. alpha-Forum. 14.11.2005. (abrufbar unter: http://www.br-online.de/alpha/forum/vor0511/20051114.shtml).

Mertens, Kathrin / Augustin, Ernst: »›Ich bin ein rhythmischer Mensch‹: Kathrin Mertens im Gespräch mit dem Münchener Erfolgsschriftsteller Ernst Augustin«. In: Literatur in Bayern. Vierteljahresschrift für Literatur, Literaturkritik und Literaturwissenschaft 2005. H. 82. S. 22–25.

Wittstock, Uwe: »Schwarze Romantik liegt mir am meisten. Der Autor Ernst Augustin wird 80: Ein Gespräch über die Lust am Fabulieren und die Gruppe 47«. In: Die Welt, 31.10.2007.

Herwig, Malte / Michaelsen, Sven: »›Ich schreibe mit der Hand, ohne zu sehen, was ich schreibe‹«. Gespräch. In: Süddeutsche Zeitung Magazin, 1.3.2013.

Veröffentlichungen in Anthologien und Zeitungen

»Aus der Kindheit des Professors«. In: Die Zeit, 17.6.1966. (bei der Princetoner Tagung der Gruppe 47 gelesener Auszug aus dem Manuskript von »Mamma«).

»(Vorstellung neuer Mitglieder.) Ernst Augustin«. In: Deutsche Akademie für Sprache und Dichtung. Jahrbuch 1993. Göttingen (Wallstein) 1994. S. 72. Ebenfalls gedruckt in: Wie sie sich selber sehen. Antrittsreden der Mitglieder vor dem Kollegium der Deutschen Akademie. Hg. von Michael Assmann. Göttingen (Wallstein) 1999. S. 356–358.

»Meine Damen und Herren, …«. In: Süddeutsche Zeitung Magazin, 24.3.1995. * (Dieser und alle weiteren mit * gekennzeichneten Texte fanden, teilweise unter anderen Titeln, Eingang in »Der Künzler am Werk«; vgl. dazu den Beitrag von Stefan Neuhaus in diesem Band, insbesondere Anm. 4.).

»Ich war fast ein Millionär«. In: Spiegel Special, 1.2.1996. S. 76–78.

»Ein weißer Teufel in der dritten Dimension. Nachgedanken zu einer Reise nach Hongkong um fünf vor zwölf«. In: Süddeutsche Zeitung, 7./8.5.1997.*

»Die Rache des Fußgängers. Wider die Fahrradfahrer oder Wie einer sein Leben rettet«. In: Süddeutsche Zeitung, 31.3.1998.*

»In Zeiten erhöhter Kriminalität. Über die Kunst, sich mit allen erdenklichen Mitteln in Sicherheit zu bringen«. In: Süddeutsche Zeitung, 9./10.1.1999.*

»Eine gewisse Art Indien. Dankrede anläßlich der Verleihung des Literaturpreises der Stadt München«. In: Süddeutsche Zeitung, 6.7.1999.*

»Musik des Herzens. Der endgültige deutsche Beitrag«. In: Süddeutsche Zeitung, 17./18.7.1999.*

»Lasst den Alten stehen! Sentimentale Anmerkungen zum Generationenvertrag«. In: Süddeutsche Zeitung, 25.8.2000.*

»Das blutige Herz Afghanistans. Trauerrede eines Arztes im Land von Schutt, Geröll und Wüste«. In: Süddeutsche Zeitung, 13.11.2001.*

»Literaturerfahrung«. In: Ein Buch, das mein Leben verändert hat. Hg. von Detlef Felken. München (Beck) 2007. S. 33–34.

»Vieles Schöne habe ich gesehen. Wie man beim Anblick von Gastürmen und Rehen zum Dichter wird«. In: Süddeutsche Zeitung, 28.1.2013. (Dankesrede für den Erhalt des Lübecker Literaturpreises »Von Autoren für Autoren«).

2. Sekundärliteratur

2.1 Allgemeines

Nennecke, Charlotte: »Augustin, Ernst«. In: Hermann Kunisch (Hg.): Handbuch der deutschen Gegenwartsliteratur. München (Nymphenburger) 1965. S. 62.

Klepzig, Gerd: »Meditieren und kurieren: Romancier im weißen Kittel. Autorenporträt«. In: Die Welt, 10.2.1972.

Culemann, Thomas: »Ernst Augustin: ›Raumlicht‹«. In: Dynamische Psychiatrie. 1978. H. 51. S. 386–388.

Brocher, Sabine: »Reisen in den Raum: Beobachtungen zu den RAUM-Konzeptionen von M. C. Escher, Alfred Jarry und Ernst Augustin«. In: Sprache im technischen Zeitalter 17 (1978). H. 68. S. 345–354.

Schmitt, W. Christian: »Ernst Augustin. Analysen zwischen Couch und Kaviar«. In: ders.: Die Buchstaben-Millionäre. Begegnungen, Gespräche und Erfahrungen mit vierzig Schriftstellern. Karlsruhe (von Loeper) 1986. S. 18–20.

Walder, Martin: »Von den Häusern des Bewusstseins«. Besuch bei Ernst Augustin, Kleist-Preisträger 1989. In: Neue Zürcher Zeitung, 27.10.1989. (Porträt).

Kreutzer, Hans Joachim: »Begrüßung bei der Vergabe des Kleist-Preises 1989«. In: Kleist-Jahrbuch 1990. Stuttgart, Weimar (Metzler) 1991, S. 1–3.

Muschg, Adolf: »Spielwitz«. Aus der Laudatio zur Verleihung des Kleistpreises. In: Frankfurter Rundschau, 6.11.1989. Vollständig auch in: Hans Joachim Kreutzer (Hg.): Kleist-Jahrbuch 1990. Stuttgart, Weimar (Metzler) 1991. S. 4–10.

Hielscher, Martin: »Die dünne Eierschale der Wirklichkeit. Der Schriftsteller Ernst Augustin«. In: die horen. 36 (1991). H. 1 (= 161/162). S. 68–84.

Bitala, Michael: »Reisen in den Orient der Sinne. Der Psychiater und Schriftsteller

Ernst Augustin«. In: Süddeutsche Zeitung, 19.5.1992.

Schirnding, Albert von: »Über Ernst Augustin«. In: Bayerische Akademie der Schönen Künste. Jahrbuch. 6 (1992). S. 595–598.

Eggebrecht, Harald: »Gutes Geld für falsche Scheine«. In: Süddeutsche Zeitung, 3.12.1996. (Zur Verleihung des Tukan-Preises).

Hagestedt, Lutz: »Rede auf Ernst Augustin«. In: Literatur in Bayern. Vierteljahresschrift für Literatur, Literaturkritik und Literaturwissenschaft. 1997. H. 47. S. 59–63. (Zur Verleihung des Tukan-Preises).

Allmaier, Michael: »Die Angst zu existieren«. In: Frankfurter Allgemeine Zeitung, 31.10.1997. (Zum 70. Geburtstag).

Hagestedt, Lutz: »Besitzer einer zauberhaften Welt«. In: Süddeutsche Zeitung, 31.10. / 1. / 2.11.1997. (Zum 70. Geburtstag).

Hagestedt, Lutz / Nicolai Riedel: »Ernst Augustin«. In: Hermann Korte (Hg.): Kritisches Lexikon zur deutschsprachigen Gegenwartsliteratur. München (edition text + kritik). 59. Nachlieferung. (April 1998). 10 S. plus Bibliografie.

Schalk, Axel: »When Türmann Dropped the Stone. The Surreal Landscape of Ernst Augustin's Novels«. In: Julian Preece / Stuart Parkes / Arthur Williams (Hg.): Whose Story? Continuities in Contemporary German-Language Literature. Bern (Lang) 1998, S. 305–316.

Hagestedt, Lutz: »Heilung mit Raumlicht«. In: Frankfurter Rundschau, 31.10.2002. Auch in: Tages-Anzeiger, Zürich, 19.11.2002. (Zum 75. Geburtstag).

Steinaecker, Thomas von: »Der Mann der vielen heimlichen Leidenschaften«. In: Süddeutsche Zeitung, 24.9.2007. (Porträt).

»›Meine Phantasie ist zu allem fähig‹. Ernst Augustin zum 80. Geburtstag«. Festschrift. Hg. von Lutz Hagestedt. München (Beck) 2007.

Timm, Uwe: »Der Mann mit dem Turban. Ein Brief zum Lob des Schriftstellers Ernst Augustin, der am Mittwoch achtzig wird.« In: Frankfurter Allgemeine Sonntagszeitung, 28.10.2007.

Hillgruber, Katrin: »Liebe und Tod im Soziotop eines Münchner Freibads. Zum achtzigsten Geburtstag des Schriftstellers

Ernst Augustin erscheint bei Beck eine Jubiläumsausgabe«. In: Stuttgarter Zeitung, 31.10.2007.

Rüdenauer, Ulrich: »Glückliche Stunden. Ohne Kaufbefehl: Dem weltreisenden Psychiater, Abenteurer und Schriftsteller Ernst Augustin zum 80. Geburtstag«. In: Frankfurter Rundschau, 31.10.2007.

Kußmann, Matthias: »Protest gegen den Tod. Ernst Augustin zum 80. Geburtstag«. In: Deutschlandfunk – Büchermarkt. 31.10.2007. (abrufbar unter: http://www.deutschlandfunk.de/protest-gegen-den-tod.700.de.html?dram:article_id=83342).

Schirnding, Albert von: »Souverän im Reich der Phantasie«. In: Süddeutsche Zeitung, 31.10. / 1.11.2007. (Zum 80. Geburtstag).

Kluy, Alexander: »Tanz auf dem fliegenden Teppich«. In: Der Standard, Wien, 3.11.2007. (Zum 80. Geburtstag).

Schertenleib, Hansjörg: »Der Phantast. Besuch bei dem Schriftsteller Ernst Augustin«. In: Neue Zürcher Zeitung, 9.11.2007.

Spinnler, Rolf: »Weltverliebte Abenteuerromane«. Porträt. In: Stuttgarter Zeitung, 21.10.2008. (Zum Mörike-Preis).

Spinnler, Rolf: »Das Abenteuer Innenwelt«. In: Stuttgarter Zeitung, 20.3.2009. (Zur Entgegennahme des Mörike-Preises).

Ernst Augustin: Mörike-Preis der Stadt Fellbach. Förderpreis an Sandra Hoffmann. Literaturtage vom 12. bis 19. März 2009. Dokumentation. Fellbach (Stadt Fellbach, Kulturamt) 2009.

»Augustin, Ernst (Biogramm)«. In: Heinz Ludwig Arnold (Hg.): Kindlers Literatur Lexikon. 3., völlig neu bearb. Aufl. Stuttgart, Weimar (Metzler) 2009 ff. (aktualisiert im Januar 2010).

Reithmaier, Sabine: »Architekt der Träume. Gespräch mit dem Schriftsteller Ernst Augustin zur Lesung aus seinem Roman ›Robinsons blaues Haus‹«. In: Süddeutsche Zeitung, 31.5.2012.

Hünniger, Andrea: »Das Leben ist ein Gehäuse«. In: Die Zeit, 22.11.2012. (Porträt).

Hagestedt, Lutz: »Von oben ein Löffelchen Schwefelblüte«. In: literaturkritik.de. 2012. Nr. 11. S. 117–121. (Zum 85. Geburtstag).

Hagestedt, Lutz: »Ernst Augustin Wiedergelesen«. In: Risse. Zeitschrift für Literatur in Mecklenburg und Vorpommern. 29 (2012). S. 76–79.

2.2 Zu einzelnen Büchern

»Kopf« (1962)

Enzensberger, Hans Magnus: »Ernst Augustin: ›Der Kopf‹«. In: Der Spiegel, 4.4.1962.

Kramberg, Karl Heinz: »Die Welt im Hirn«. In: Süddeutsche Zeitung, 5.4.1962.

Blöcker, Günter: »Im Kopf eines Versicherungsbeamten«. In: Die Zeit, 18.5.1962. Auch in: ders.: Kritisches Lesebuch. Literatur unserer Zeit in Probe und Bericht. Hamburg (Leibniz) 1962. S. 204–208.

Liepmann, Heinz: »Verlieren und doch überleben«. In: Die Welt, 16.6.1962.

Neumann, Gerhard: »Ein zeitgenössischer Jedermann«. In: Stuttgarter Zeitung, 30.6.1962.

Piwitt, Hermann: »Fast ein Geniestreich«. In: Sprache im technischen Zeitalter. 2 (1962). H. 4. S. 333–337.

Beckmann, Heinz: »Ein bedeutender Erstlingsroman«. In: Zeitwende. Kultur, Kirche, Zeitgeschehen. 33 (1962). H. 7. S. 485–486.

Kaiser, Joachim: »Ein Weltuntergangs-Karl-May«. In: Frankfurter Hefte. 1962. H. 7. S. 493–497.

Harpprecht, Klaus: »Im Kopf oder: Die Nachteile der Dreibodenwirtschaft«. In: Der Monat. 14 (1962). H. 168. S. 64–70.

Daiber, Hans: »Ernst Augustin: ›Der Kopf‹«. In: Neue Rundschau. 1963. H. 1. S. 138–139.

Nizon, Paul: »Die Welt ist im Kopf. Zum Roman eines Aussenseiters«. In: DU. Das Kulturmagazin. 23 (1963). H. 264. S. 54–55.

Ayren, Armin: »Asam, oder der Mythos vom Überleben«. In: Ulrich Gaier / Werner Volke (Hg.): Festschrift für Friedrich Beißner. Bebenhausen (Rotsch) 1974. S. 3–19.

Brocher, Sabine: »Ernst Augustin: ›Der Kopf‹«. In: dies.: Abenteuerliche Elemente im modernen Roman. München, Wien (Hanser) 1981. S. 49–84.

Best, Otto. F.: »Der Kopf«. In: Heinz Ludwig Arnold (Hg.): Kindlers Literatur Lexikon. 3., völlig neu bearb. Aufl. Stuttgart, Weimar (Metzler) 2009 ff.

»Das Badehaus« (1963)

Blöcker, Günter: »Felix Krull – surrealistisch«. In: Frankfurter Allgemeine Zeitung, 12.10.1963. Auch in: ders.: Literatur als Teilhabe. Kritische Orientierungen zur literarischen Gegenwart. Berlin (Argon) 1966. S. 54–58.

Kramberg, Karl Heinz: »Gespenstisches Badehaus«. In: Süddeutsche Zeitung. 4.12.1963.

Kricheldorff, Hans: »Ernst Augustin, Das Badehaus, (München, 1963.)«. In: Neue deutsche Hefte. Beiträge zur europäischen Gegenwart. 10 (1964). H. 98. S. 145–146.

Ayren, Armin: »Asam, oder der Mythos vom Überleben«. In: Ulrich Gaier / Werner Volke (Hg.): Festschrift für Friedrich Beißner. Bebenhausen (Rotsch) 1974. S. 3–19.

»Mamma« (1970)

Reich-Ranicki, Marcel: »Aus dem Sammelbecken«. In: Die Zeit, 18.9.1970.

Arnold, Heinz Ludwig: »Vorsicht: Langeweile oder Ätsch!«. In: Frankfurter Rundschau, 22.9.1970.

Blöcker, Günter: »Alle erzählerische Brillanz vergebens«. In: Frankfurter Allgemeine Zeitung, 22.9.1970.

Kaiser, Joachim: »Schelmen-Novellen mit Albtraum-Tendenz«. In: Süddeutsche Zeitung, 23.9.1970. Erweitert auch in: Neue Rundschau. 1970. H. 4. S. 795–800.

Werth, Wolfgang: »Paraden, Parabeln«. In: Der Monat. 22 (1970). H. 265. S. 85–90.

Schonauer, Franz: »Drei Niemänner. Augustins närrische Spiele«. In: Deutsche Zeitung / Christ und Welt, 6.11.1970.

Wien, Werner: »Ein Kasperletheater der zweiten Wirklichkeit«. In: Bremer Nachrichten, 18.11.1970.

Beckmann, Heinz: »Drillinge ohne Boden«. In: Rheinischer Merkur, 20.11.1970.

Hartlaub, Geno: »Das Zwitterding des Ernst Augustin«. In: Deutsches Allgemeines Sonntagsblatt, 29.11.1970.

Meier, Peter: »Es wird wieder erzählt, daß die Funken stieben«. In: Tages-Anzeiger, Zürich, 24.12.1970.

Rohde, Hedwig: »Ernst Augustin, Mamma«. In: Neue deutsche Hefte. Beiträge zur europäischen Gegenwart. 17 (1970). H. 4. S. 149–152.

Muschg, Adolf: »Ein guter Treffer schlecht angezeigt«. In: Zürichsee-Zeitung, 29.1.1971.

Best, Otto F.: »Zurück zur Großen Mutter«. In: Merkur. 25 (1971). H. 1. S. 89–92.

Beer, Otto F.: »Alles andere als eine feine Familie«. In: Der Tagesspiegel, Berlin, 21.3.1971.

Beckmann, Heinz: »Tagebuch eines Romans«. In: Zeitwende. Kultur, Kirche, Zeitgeschehen 42 (1971). S. 69–72.

»Raumlicht. Der Fall Evelyne B.« (1976)

Blöcker, Günter: »Der Sprung durch die Eierschale«. In: Frankfurter Allgemeine Zeitung, 24.4.1976.

Burri, Peter: »Die Heilung der Evelyne B.«. In: National-Zeitung, Basel, 12.6.1976.

Weidmann, Brigitte: »Liebe zum Wahn«. In: Der Tagesspiegel, Berlin, 13.6.1976.

Linder, Christian: »Über die Angst zu existieren«. In: Kölner Stadt-Anzeiger, 19. / 20.6.1976.

Schirnding, Albert von: »Magischer Therapie-Zirkus«. In: Süddeutsche Zeitung, 19. / 20.6.1976.

Jokostra, Peter: »Die Entdeckung der Schizophrenie«. In: Die Tat, Zürich, 25.6.1976.

Werth, Wolfgang: »Angst vor der Außenwelt. Ernst Augustins neuer Roman: Analyse der Schizophrenie«. In: Deutsche Zeitung / Christ und Welt, 16.7.1976.

Krieger, Hans: »Talfahrt durch das eigene Ich«. In: Die Zeit, 30.7.1976.

Bock, Hans Bertram: »Im Irrgarten der Lüste«. In: Nürnberger Nachrichten, 26.8.1976.

Laemmle, Peter: »Das ›Lenz‹-Syndrom«. In: Merkur. 30 (1976). H. 8. S. 788–791.

Schachtsiek-Freitag, Norbert: »Simulationsspiele«. In: Zeitwende. Kultur, Kirche, Zeitgeschehen 48 (1977). S. 57–58.

Haug, Walter: »Erec, Enite und Evelyne B.«. In: Dietrich Huschenbett / Klaus Matzel u. a. (Hg.): Medium Aevum deutsch. Beiträge zur deutschen Literatur des hohen und späten Mittelalters. Festschrift für Kurt Ruh zum 65. Geburtstag. Tübingen (Niemeyer) 1979. S. 139–164.

Eggebrecht, Harald: »Stadtansichten (28): Gewissermaßen bösartig. In Ernst Augus-

tins ›Raumlicht‹ brennt München für vier Tage«. In: Süddeutsche Zeitung, 30.8.2001.

Dieckmann, Dorothea: »Keiner verlässt den Traum«. In: Neue Zürcher Zeitung, 28.10.2004.

Bürger, Jan: »Kleine Tierschau«. In: Literaturen. 2004. H. 12. S. 72–74.

Patzer, Georg: »… und bringt alles zum Leuchten«. In: Mannheimer Morgen, 7.1.2005.

Matt, Beatrice von: »Vom Leben im Traum«. In: Neue Zürcher Zeitung, 15.6.2006.

»Eastend« (1982)

Burkhardt, Joachim: »Das Abenteuer Liebe«. In: Der Tagesspiegel, Berlin, 1. / 2.5.1982.

Ayren, Armin: »Drei Männer, drei Wünsche. Ernst Augustins Roman einer Seelenlandschaft«. In: Frankfurter Allgemeine Zeitung, 15.5.1982.

Bondy, Barbara: »In den Seelenschächten. Ernst Augustins Roman vom Ich-Verlust und Wiederfinden«. In: Süddeutsche Zeitung, 19. / 20.5.1982.

Jokostra, Peter: »Grauenhaft glanzvoll«. In: Rheinische Post, 29.5.1982.

Starkmann, Alfred: »Kein Föhn für Kerrie oder der Gruppenwahn«. In: Die Welt, 29.5.1982.

mey (= Martin Meyer): »Spiel mit Metamorphosen«. In: Neue Zürcher Zeitung, 5.6.1982.

Schwartz, Leonore: »Zaubermittel Humor«. In: Deutsches Allgemeines Sonntagsblatt, 25.7.1982.

Lüdke, Martin: »Wirklich phantastisch«. In: Frankfurter Rundschau, 21.8.1982.

Wallmann, Jürgen Peter: »Psycho-Humbug«. In: Zeitwende. Kultur, Kirche, Zeitgeschehen. 53 (1982). S. 252–253.

Schertenleib, Hansjörg: »Eastend«. In: Orte. Eine Schweizer Literaturzeitschrift. 10 (1984 / 85). H. 49. S. 27–28.

Dranova, O.: Augustin, Ernst: Eastend. In: Sovremennaja chudožestvennaja literatura za rubežom (1985). H. 6. S. 91–94.

Doering, Sabine: »Du, ich bin der Fried«. In: Frankfurter Allgemeine Zeitung, 19.12.2005.

Hildebrandt, Dieter: »Erinnert sich noch einer?«. In: Die Zeit, 29.12.2005.

Baier, Eckart: »Das Bildnis des Herrn Gray«. In: Stuttgarter Zeitung, 13.1.2006.

Rüdenauer, Ulrich: »Ausweitung der Grauzone«. In: Frankfurter Rundschau, 22.2.2006.

Matt, Beatrice von: »Vom Leben im Traum«. In: Neue Zürcher Zeitung, 15.6.2006.

»Der amerikanische Traum« (1989)

Eggebrecht, Harald: »Warum Hawk Steen den Bus nach Limon nehmen muß«. In: Süddeutsche Zeitung, 22.3.1989.

Dean, Martin R.: »Das einzige Mittel gegen Mythenträume ist die Magie gelungener Literatur«. In: Die Weltwoche, 23.3.1989.

Starkmann, Alfred: »Amerikanische Träume à la Ernst Augustin«. In: Die Welt, 23.3.1989.

Schertenleib, Hansjörg: »Eine abenteuerliche Reise durch Raum und Zeit«. In: Aargauer Tagblatt, 15.4.1989.

Anz, Thomas: »Reise in die Wildnis der Seele. Ernst Augustins Roman über die Abenteuer des Lesens«. In: Frankfurter Allgemeine Zeitung, 19.4.1989.

Baumgart, Reinhard: »Fürchterliche Furchtlosigkeit. Ernst Augustins Reise in die vierte Dimension«. In: Die Zeit, 19.5.1989. Unter dem Titel »Das Leben – ein Traum« auch in: ders.: Deutsche Literatur der Gegenwart. München, Wien (Hanser) 1994. S. 445–449.

Kübler, Gunhild: »Däumling mit Pistole«. In: Neue Zürcher Zeitung, 4.8.1989.

Lodron, Herbert: »Mecklenburg – Costa Rica – Prosaisches Gefunkel«. In: Die Presse, Wien, 2./3.9.1989.

Becher, Martin Roda: »Grüne Fliege statt Blaue Blume«. In: Tages-Anzeiger, Zürich, 28.10.1989.

Schwartz, Leonore: »Die Geburt des Traum-Ichs aus dem Tod«. In: Der Tagesspiegel, Berlin, 29.10.1989.

Wallmann, Jürgen P.: »Imagination«. In: Zeitwende. Kultur, Kirche, Zeitgeschehen. 60 (1989). S. 246–247.

Wallmann, Jürgen P.: »Ernst Augustin, Der amerikanische Traum. Roman. Frankfurt/M. 1989«. In: Neue deutsche Hefte 36 (1989/1990). S. 727–729.

Ingen, Ferdinand van: Augustin, Ernst: Der amerikanische Traum. In: Deutsche Bücher 20 (1990). S. 169–170.

Novikova, N.: Augustin, Ernst: Der amerikanische Traum. In: Diapazon 1991. H. 3. S. 97–101.

Wittstock, Uwe: »Autor, Arzt, Abenteurer«. In: Literarische Welt, 15.4.2006.

Matt, Beatrice von: »Vom Leben im Traum«. In: Neue Zürcher Zeitung, 15.6.2006.

Sina, Kai: »Hawk Steen«. In: Frankfurter Allgemeine Zeitung, 4.4.2014.

Hagestedt, Lutz: »Der amerikanische Traum«. In: Heinz Ludwig Arnold (Hg.): Kindlers Literatur Lexikon. 3., völlig neu bearb. Aufl. Stuttgart, Weimar (Metzler) 2009 ff. Update vom Juli 2014.

»Mahmud der Schlächter oder Der feine Weg« (1992), Neuausgabe unter dem Titel »Mahmud der Bastard« (2003)

Eggebrecht, Harald: »In den Höhlen der schwarzen Wasser«. In: Süddeutsche Zeitung, 28.3.1992.

Pichler, Georg: »Mitten im Schrecken rotiert der Erzähler«. In: Die Presse, Wien, 4.4.1992.

Wegner, Matthias: »Geburt des Krokodils«. In: Frankfurter Allgemeine Zeitung, 6.4.1992.

Wohlthat, Martina: »Literarische Reiseandenken an Tausendundeine Nacht«. In: Basler Zeitung, 16.4.1992.

Walder, Martin: »Der feine Weg – wohin?«. In: Neue Zürcher Zeitung, 22.4.1992.

Meisel, Gerhard: »Das Buch zum Muttertag. Ernst Augustin erzählt eine orientalische Psychostory«. In: Stuttgarter Zeitung, 30.4.1992.

Kässens, Wend: »Geschichten aus der Mauerspalte«. In: Die Zeit, 8.5.1992.

Schwartz, Leonore: »Die knisternde Hitze im braunen Schatten der Höfe«. In: Der Tagesspiegel, Berlin, 24.5.1992.

Metzger, Hermann: »Alle Wunder des Morgenlandes«. In: Landshuter Zeitung, 10.7.1992.

Magenau, Jörg: »Das Erfinden der Wahrheit«. In: Freitag, 21.8.1992.

Ševčenko, G.: Augustin, Ernst: Mahmud der Schlächter oder Der feine Weg. In: Diapazon 1995. H. 1, S. 112–116.

»Gutes Geld. Roman in drei Anleitungen« (1996)

Schwenger, Hannes: »Bleierne Taler«. In: Der Tagesspiegel, Berlin, 18.2.1996.

Hörisch, Jochen: »Geld und Geltung«. In: Neue Zürcher Zeitung, 14.3.1996.

Falcke, Eberhard: »Die Künste des Blütenzauberers Augustin Fajngold«. In: Süddeutsche Zeitung, 16./17.3.1996.

Magenau, Jörg: »Architektur des Charakters«. In: Freitag, 22.3.1996.

Allmaier, Michael: »Kleine Scheine«. In: Frankfurter Allgemeine Zeitung, 6.4.1996.

Freund, René: »Literarische Blüten«. In: Wiener Zeitung, 12.4.1996.

Bartmann, Christoph: »Kunst des Fälschens«. In: Die Presse, Wien, 27.4.1996.

Ayren, Armin: »Der Fälscher als Lebenskünstler«. In: Badische Zeitung, 14.5.1996.

Lüdke, Martin: »Porträt des Künstlers als Skeptizist«. In: Frankfurter Rundschau, 9.8.1996.

Bauschinger, Sigrid: Augustin, Ernst: Gutes Geld. In: World Literature Today 71 (1997). H. 1, S. 135.

Welle, Florian: »Meisterliches Schelmenstück«. In: Süddeutsche Zeitung, 9.12.2011.

»Die Schule der Nackten« (2003)

Hillgruber, Katrin: »Abstraktion im FKK-Bereich«. In: Süddeutsche Zeitung, 24.7.2003. Unter dem Titel »Im Bann des Sonnengottes« auch in: Der Tagesspiegel, Berlin, 17.8.2003.

Hage, Volker: »Sommergäste, hautnah«. In: Der Spiegel, 4.8.2003.

Schnetz, Wolf Peter: »Ständig wechselnde Erregungszustände«. In: Nürnberger Zeitung, 19.8.2003.

Hagestedt, Lutz: »Von Nacktheit und von Scham«. In: Tages-Anzeiger, Zürich, 27.8.2003.

Magenau, Jörg: »Hüllen runter, Distanz rauf«. In: die tageszeitung, 23.9.2003.

Steinert, Hajo: »Er sprach das Mantra, doch sie wollte Tantra«. In: Die Welt, 4.10.2003.

Hagestedt, Lutz: »Jenseits der Gürtelzone«. In: Frankfurter Rundschau, 8.10.2003.

Bürger, Jan: »Alexander der Nackte«. In: Die Zeit, 9.10.2003.

Osterkamp, Ernst: »Die nackten Tatsachen«. In: Frankfurter Allgemeine Zeitung, 8.11.2003.

Domsch, Sebastian: »Opulente Körperlandschaften«. In: Neue Deutsche Literatur. 2003. H. 6. S. 174–176.

Schneider, Wolfgang: »Ethnologie der Freikörperkultur«. In: Neue Zürcher Zeitung, 2.12.2003.

Spengler, Tilman: ›Träume im letzten Paradies. Ernst Augustin: ›Die Schule der Nackten‹«. In: Süddeutsche Zeitung, 19.4.2008.

»Der Künzler am Werk. Eine Menagerie« (2004)

Dieckmann, Dorothea: »Keiner verlässt den Traum«. In: Neue Zürcher Zeitung, 28.10.2004.

Ulrich Rüdenauer: »Grüne Dämmerung«. In: Frankfurter Rundschau, 24.11.2004.

Werner, Hendrik: »Die Versuchungen des Dr. A.«. In: Die Welt, 4.12.2004.

Bürger, Jan: »Kleine Tierschau«. In: Literaturen. 2004. H. 12. S. 72–74.

Schirnding, Albert von: »53 Bananenbäume«. In: Süddeutsche Zeitung, 4.1.2005.

Patzer, Georg: »… und bringt alles zum Leuchten«. In: Mannheimer Morgen, 7.1.2005.

»Badehaus Zwei« (2006)

Hildebrandt, Dieter: »Gurgelnd geht die Welt zugrunde«. In: Die Zeit, Literaturbeilage, 28.9.2006.

Hillgruber, Katrin: »Zwangswaschung«. In: Der Tagesspiegel, Berlin, 19.11.2006.

»Schönes Abendland« (2007)

Raddatz, Fritz J.: »Stani, Kulle, Beffchen«. In: Die Zeit, 25.10.2007.

Hillgruber, Katrin: »Der Traumlogiker«. In: Badische Zeitung, 27.10.2007. Auch in: Der Tagesspiegel, Berlin, 31.10.2007.

Jung, Werner: »Schönes Abendland«. In: Neues Deutschland, 30.10.2007.

Doering, Sabine: »Anatom des Bürgers«. In: Frankfurter Allgemeine Zeitung, 31.10.2007.

Patzer, Georg: »Überbordende Erzähllust«. In: Mannheimer Morgen, 29.1.2008.

»Goldene Zeiten« (2007)

Bisky, Jens: »Erhöhtes Vergnügen. Ernst Augustin liest«. In: Süddeutsche Zeitung, 20.11.2007.

»Robinsons blaues Haus« (2012)

Kluy, Alexander: »Der Affe der Erinnerung«. In: Der Standard, 28.1.2012.

Carsten Hueck: »Crusoe im 21. Jahrhundert«. Deutschlandradio Kultur – Buchkritik, 13.2.2012. (abrufbar unter: http://www.deutschlandradiokultur.de/crusoe-im-21-jahrhundert.950.de.html?dram:article_id=141024)

Eggebrecht, Harald: »Taucherglocken und Wolkenschlösser«. In: Süddeutsche Zeitung, 21.2.2012.

Rüdenauer, Ulrich: »Ein Geisterhaus zum Leben«. In: die tageszeitung, 3.3.2012.

Richter, Peter: »Lasst uns mal über Geld reden. Ihr Brüder«. In: Frankfurter Allgemeine Sonntagszeitung, 11.3.2012.

Bürger, Jan: »Der Buddha im teefarbenen Licht«. In: Frankfurter Allgemeine Zeitung, 22.3.2012.

Apel, Friedmar: »Von Haus zu Haus«. In: Frankfurter Allgemeine Zeitung, 10.4.2012.

Axmann, David: »Randstücke der Realität«. In: Wiener Zeitung 14.4.2012.

Steinert, Hajo: »Eine surrealistische Reise in den eigenen vier Wänden«. In: Tages-Anzeiger, Zürich, 24.4.2012.

Hillgruber, Katrin: »Schwimmen mit leichtem Körper«. In: Badische Zeitung, 28.4.2012.

Schnitzler, Mathias: »Meine Fantasie ist zu allen Abenteuern fähig«. In: Berliner Zeitung, 5./6.5.2012.

Böttiger, Helmut: »Im Licht der Bernsteinlampe«. In: Die Zeit, 16.5.2012.

Patzer, Georg: »Von der Kraft der Fantasie«. In: Mannheimer Morgen, 25.5.2012.

anonym: »Virtuelles Seemannsgarn«. In: Der Spiegel, 9.7.2012.

Ayren, Armin: »Merkwürdige Möblierung der Fantasie«. In: Stuttgarter Zeitung, 20.7.2012.

Neuhaus, Stefan: »Lebensreise, erzählt«. In: Die Furche, Wien, 6.9.2012.

Hillgruber, Katrin: »Der große Außenseiter der deutschen Literatur. Auf der Shortlist des Buchpreises: Ernst Augustins mecklenburgisches Südsee-Abenteuer ›Robinsons blaues Haus‹«. In: Die Welt, 29.9.2012.

Hillgruber, Katrin: »Ernst Augustin – Außenseiter mit Vergangenheit«. In: Die Welt, 1.10.2012. Weitgehend identisch auch unter dem Titel »Der Außenseiter« in: Berliner Morgenpost, 5.10.2012.

Willms, Johannes: »Raum«. Gespräch. In: Süddeutsche Zeitung, 6./7.10.2012.

Steiner, Bettina: »Robinson auf der Flucht«. In: Die Presse am Sonntag, Wien, 7.10.2012.

Jung, Werner: »Chat mit Freitag«. In: Neues Deutschland, 8.10.2012.

Kasper, Hartmut: »Ernst Augustin. Robinsons blaues Haus«. In: Sascha Mamczak / Sebastian Pirling / Wolfgang Jeschke (Hg.): Das Science Fiction Jahr 2013. München (Heyne) 2013. S. 345–347.

Rehfeldt, Martin: »Robinsons blaues Haus«. In: Heinz Ludwig Arnold (Hg.): Kindlers Literatur Lexikon. 3., völlig neu bearb. Aufl. Stuttgart, Weimar (Metzler) 2009 ff. Update vom Juli 2014.

»Das Monster von Neuhausen. Ein Protokoll« (2015)

Rüdenauer, Ulrich: »Ein Buch als Axt«. In: Süddeutsche Zeitung, 10.3.2015.

Welle, Florian: »Um der Ehre Willen«. In: Münchener Feuilleton, März 2015, S. 24.

Biografie

Ernst (eigentlich Ernst-Joachim) Augustin, geboren am 31.10.1927 in Hirsch-berg/Riesengebirge (heute poln. Jelenia Góra) als Sohn des Studienrats Ernst Augustin und seiner Frau Johanna (geb. Gutschow). Er wuchs von 1929 bis 1934 in Schweidnitz (heute poln. Świdnica) auf. In Schwerin besuchte er die Oberschule und legte 1947 die Reifeprüfung ab. Von 1947 bis zum Physikum 1950 Studium der Medizin in Rostock, danach bis zum Aschluss seines Studiums an der Humboldt-Universität in Ostberlin. 1952 Promotion mit experimentellpsychologischen Untersuchungen zum Thema »Das elementare Zeichnen bei den Schizophrenen«. 1953 Heirat mit der Malerin Inge Kalanke. Von 1953 bis 1955 Pflichtassistenz mit Schwerpunkt in der Unfallchirurgie in Wismar, von 1955 bis 1958 Assistenzarzt an der Nervenklinik der Charité in Ostberlin. 1958 verließ Augustin die DDR. Von 1958 bis 1961 Leiter eines amerikanischen Krankenhauses in Afgha-nistan (Chah-e Anjir nahe Kandahar), von 1961 bis 1962 Stationsarzt in der Münchener Universitäts-Nervenklinik Nußbaumstraße. Von 1962 bis zu seiner Pensionierung 1985 Arbeit als psychiatrischer Gutachter. Augus-tin lebt mit seiner Frau in München. Seit einer Hirnoperation wegen eines Tumors 2009 ist er nahezu blind.

1962 Veröffentlichung seines Debütromans »Der Kopf« im Suhrkamp Verlag. Zahlreiche Reisen u. a. nach Indien, Nord- und Mittelamerika, nach Afrika, Hongkong und in die Südsee. Er war Mitglied der Gruppe 47, er ist Mitglied der Bayerischen Akademie der Schönen Künste und der Deut-schen Akademie für Sprache und Dichtung, Darmstadt.

Preise: Hermann-Hesse-Preis (1962 für »Der Kopf«), Kleist-Preis (1989), Tukan-Preis der Landeshauptstadt München (1996 für »Gutes Geld«), Litera-turpreis der Stadt München (1999), Ernst-Hoferichter-Preis (2008), Mörike-Preis (2009), Lübecker Literaturpreis »Von Autoren für Autoren« (2013).

Hans-Peter Ecker, geboren 1953; Studium der Germanistik und Geografie in Mannheim und Waterloo / Kanada; Promotion mit einer Arbeit über Stefan Heym, Habilitation mit einer kulturanthropologischen Gattungsstudie zur Legende an der Universität Passau; ab Wintersemester 1999 / 2000 Professor für Neuere deutsche Literaturwissenschaft und Literaturvermittlung an der Otto-Friedrich-Universität Bamberg. Buchpublikationen, zahlreiche Aufsätze und Rezensionen zur deutschen Literatur- und Kulturgeschichte vom 17. bis zum 20. Jahrhundert sowie zu literatursystematischen Fragestellungen.

Lutz Hagestedt, geboren 1960; Studium der Literaturwissenschaft, Geschichte, Philosophie und des Deutschen als Fremdsprache in Bielefeld und München; 1994 Promotion mit einer Arbeit über Ludwig Tiecks Spätwerk, 2004 Habilitation an der Universität Marburg; Arbeit als Literaturkritiker und Pressesprecher des Suhrkamp Verlags; seit 2004 Professor für Neuere und neueste deutsche Literatur an der Universität Rostock; Herausgeber des »Deutschen Literatur-Lexikons: Das 20. Jahrhundert«. Veröffentlichungen u. a. zu Belletristik in historischer und systematischer Perspektive, darunter seit 1997 auch zahlreiche Publikationen zu Ernst Augustin (u. a. im KLG). Zuletzt erschien die Herausgabe von Philippe Lejeunes Sammelband »Liebes Tagebuch. Zur Theorie und Praxis des Journals« (2014).

Martin Hielscher, geboren 1957; Studium der Germanistik und Philosophie in Hamburg; Promotion 1987 mit einer Arbeit über Wolfgang Koeppen; 1992–1993 Lektor bei Luchterhand, 1994–2001 Lektor bei Kiepenheuer & Witsch; seit 2001 Programmleiter für Belletristik im Verlag C. H. Beck; Akademischer Lehrer an der European Graduate School in Saas-Fee und an anderen Universitäten; 2007 Ernennung zum Honorarprofessor der Otto-Friedrich-Universität Bamberg; Lehrtätigkeit zu Lektorats- und Programmarbeit im Verlag, deutschsprachiger Gegenwartsliteratur und kreativem Schreiben. Publikationen: Monografien zu Wolfgang Koeppen und Uwe Timm; Aufsätze u. a. zur deutschsprachigen Gegenwartsliteratur, zur Kritischen Theorie, zu Schopenhauer und Heidegger; Herausgabe verschiedener Anthologien; Übersetzungen englischsprachiger Literatur, u. a. von Richard Ford und Peter Carey; Rezensionen.

Martin Kraus, geboren 1984; Studium der Germanistik, Geschichte und Sozialkunde für das Lehramt an der Otto-Friedrich-Universität Bamberg; 2008 und 2009 Studienaufenthalt mit literaturwissenschaftlichem Masterabschluss an der University of Waterloo / Kanada; von 2012 bis 2013 wissenschaftlicher Mitarbeiter an der Professur für Neuere deutsche Literaturwissenschaft; Dissertationsprojekt zu Literaturskandalen in der Weimarer Republik. Herausgeberschaft (mit Andrea Bartl): »Skandalautoren. Zu repräsentativen Mustern literarischer Provokation und Aufsehen erregender Autorinszenierungen« (2014).

Stefan Neuhaus, geboren 1965; Studium der Germanistik in Bamberg und Leeds; 1996 Promotion, 2001 Habilitation, 2005 Ehrendoktorwürde der Universität Göteborg, Professuren an den Universitäten Oldenburg und Innsbruck; seit 2012 Professor für Neuere deutsche Literatur an der Universität Koblenz-Landau, Standort Koblenz. Publikationen u. a.: »Fontane-ABC« (1998), »Literatur und nationale Einheit in Deutschland« (2002), »Sexualität im Diskurs der Literatur« (2002), »Das Spiel mit dem Leser. Wilhelm Hauff: Werk und Wirkung« (2002), »Grundriss der Literaturwissenschaft« (2003), »Literaturkritik« (2004), »Märchen« (2005), »Literaturvermittlung« (2009); zuletzt als Herausgeber: »Figurationen der Liebe in Geschichte und Gegenwart, Kultur und Gesellschaft« (2012); gemeinsam mit Oliver Jahraus Herausgeber der Reihe »Film – Medium – Diskurs«, außerdem Herausgeber der Reihe »Studien zu Literatur und Film der Gegenwart«.

Martin Rehfeldt, geboren 1978; Studium der Germanistik, Philosophie und Psychologie in Augsburg und Bamberg; seit 2005 wissenschaftlicher Mitarbeiter der Professur für Neuere deutsche Literaturwissenschaft und Literaturvermittlung an der Otto-Friedrich-Universität Bamberg; 2003–2009 Redaktion der Zeitschrift »Deutsche Bücher. Forum für Literatur«; seit 2011 Herausgeberschaft und Redaktion des Blogs »Deutsche Lieder. Bamberger Anthologie« (deutschelieder.wordpress.com), seit 2013 gemeinsam mit Denise Dumschat-Rehfeldt Herausgabe und Redaktion des Blogs eckersbestiarium.wordpress.com. Publikationen: »Literaturwissenschaft als interpretierende Rezeptionsforschung. Entwurf einer philologischen Methodik mit humanwissenschaftlichem Erkenntnisinteresse mit Beispielanalysen zur Rezeption von Helmut Kraussers Hagen-Trinker-Trilogie und ›UC‹« (Dissertation, 2015), außerdem zahlreiche Rezensionen, Aufsätze und Lexikonartikel, u. a. zur Gegenwartsliteratur, zu Filmen und Songtexten.

Nicolai Riedel, geboren 1952; Studium der germanistischen Literaturwissenschaft und Philosophie; 1980–1989 Promotion und Lehrtätigkeit an der Universität Passau, seither Mitarbeit in der Bibliothek des Deutschen Literaturarchivs Marbach, Leiter des Referats Bestand und Benutzung. Zahlreiche bibliografische Veröffentlichungen, zuletzt »Internationale Günter-Kunert-Bibliographie« (2012), »Marbacher Schiller-Bibliographie« (2006 ff.).

Kai Sina, geboren 1981; Studium der Neueren deutschen Literatur- und Medienwissenschaft, Mediävistik und Philosophie an der Universität Kiel; 2010 Promotion, seitdem wissenschaftlicher Mitarbeiter am Seminar für Deutsche Philologie an der Georg-August-Universität Göttingen; zuletzt erschienen u.a. »Sühnewerk und Opferleben. Kunstreligion bei Walter Kempowski« (2012), »Der deutschsprachige Roman 1900–1950«, in: Volker Meid (Hg.): »Geschichte des deutschsprachigen Romans«, (mit Heinrich Detering, 2013), Friedrich Nietzsche: »Menschliches. Aphorismen« (Hg., 2013), »Walter Kempowskis Tagebücher. Selbstausdruck, Poetik, Werkstrategie« (Hg. mit Philipp Böttcher, 2014). Weitere Artikel im Bereich der Spätwerk- und Nachlassforschung, der Gegenwartsliteratur sowie zum Themenkomplex ›Kunstreligion‹. Seit 2011 freier Mitarbeiter im Feuilleton der »Frankfurter Allgemeinen Zeitung«.

Bisher sind in der Reihe TEXT+KRITIK erschienen:

Bisher sind in der Reihe TEXT+KRITIK erschienen:

Bisher sind in der Reihe TEXT+KRITIK erschienen:

(Sonderbände
s. nächste Seite)

Bisher sind in der Reihe TEXT+KRITIK erschienen: